365
혼자서 함께 하는 여행 1

365
혼자서 함께 하는 여행 1

아리나 지음

문경출판사

| 프롤로그 |

인생은 혼자서, 함께 하는 여행이다

'혼자서, 함께 여행한다'라는 말은 역설적으로 들린다. 하지만 이 말은 우리 삶을 그대로 표현한다. 사람은 각자 혼자이지만 다른 사람과 함께 어울려 살아가는 존재이기 때문이다. 21세기 성공 패러다임을 대표하는 단어도 '공존'이다. 살아가면서 때로는 다른 사람의 도움을 받기고 하고, 혼자 헤쳐 나가야 하는 순간도 있다. 세월이 흐르면서 점차 혼자 힘으로 할 수 없는 것이 많음을 깨닫게 된다. 삶은 언제나 함께 하는 것도, 언제나 혼자인 것도 아니다. 중요한 것은 자신의 인생을 혼자 여행할 수 있도록 스스로 방향을 잡는 일일 것이다.

하루의 시작을 좋은 글귀를 읽는 것으로 열 수 있다면 좀 더 나은 삶을 살 수 있을 것이다. 나는 책을 읽으며 가슴에 와닿았던 문구들을 함께 일하는 사람들과 공유하고 싶었다. 2021년 1월부터 단톡방에 몇 줄씩 올리기 시작했고, 3월부터 2023년 4월까지 거의 매일 다른 제목으로 글을 올렸다. 이 책은 그때 올린 글들이다. 본문 및 나의 생각 부분은 지면의 이점을 활용하여 보완했다.

잘살고, 사랑하고, 배우며, 공헌하는 균형잡힌 삶을 위해 필요한 세상의 지혜들이 주요 내용이다. 위대한 현자들의 삶에서, 시공간을 초월해 변하지 않는 삶의 진리에서, 지금 자신이 몸담은 분야의 성공한 사람들에서 한 번쯤은 들어봤음 직한 익숙한 내용들이 많을 것이다. 반복되는 내용은 그만큼 공감하는 바가 크고 살아가면서 우리가 간직해야 할 소중한 진리라고 생각했기 때문이다. 열린 마음으로 받아들여 삶에 용해시킨다면 더 많은 사람들에게 선한 영향력을 펼치는 데 도움이 될 수 있을 거라 생각한다. 나의 생각을 적으며 내 삶을 되돌아보고, 함께 배우고 성장하는 시간을 갖고자 하였다.

나는 책을 쓰는 이유 중 하나가 배우기 위해서다. 책을 쓰는 과정에서 많은 것을 배우게 된다. 시간이 지나면서 관심 분야 우선순위도 변하는 것 같다. 평소에 관심이 없던 새로운 주제에 흥미를 갖다 보면 제일 먼저 관련 분야 책을 여러 권 사서 읽게 된다. 그다음 한 단계 더 나아가고 싶은 생각이 들면 책을 쓰고 싶어진다. 책을 쓰면서 얻은 정보나 지식을 내가 이해할 수 있는 수준으로 저장해 두었다가 필요할 때 꺼내 쓸 수 있기 때문이다. 이 책을 쓰면서 여기저기 흩어져 있던, 분명하지 않았던 개념들을 확실히 정리할 수 있었다. 또 좀 더 객관적인 시각으로 삶을 바라볼 수 있게 되었다. 책을 쓰면서 깨달은 주요 내용을 정리하자면 다음과 같다.

첫째는, 지금 여기 현재의 삶을 사는 것이다.
둘째는, 삶의 종착역은 목적지에 도달하는 것이 아니라, 그 여정을 즐기는 것이다.
셋째는, 모든 것은 태도에 달려 있다.
넷째는, 삶을 그대로 인정하는 긍정의 태도다.
다섯째는, 나 자신을 사랑하는 것이다.
여섯째는, 지금의 자리에서, 지금 내가 가지고 있는 것으로, 지금 할 수 있는 것을, 지금 하는 것이다.
일곱째는, 실천하는 삶이다.
마지막으로 여덟째는, 감사하는 삶이다.

그동안 미루어 놓았던 숙제 한 가지를 끝낸 것 같은 느낌이다. 언젠가 읽겠다고 마음먹고 사 두었던, 읽히기만을 기다렸던 오래된 책들도 거의 다 읽었다. 다시 펼쳐 본 책에서는 예전에는 그냥 지나쳤던 글귀가 새로운 의미로 다가오는 부분도 발견할 수 있었다. 무언가를 시작한다는 것은 설렘을 준다. 처음처럼. 나와 함께 하는 소중한 사람들과 최고 멋진 여행을 떠나고 싶다. 언제나 내가 살아가는 이유를 일깨워주는 그들에게 감사드린다.

 누구나 자신의 삶을 지탱해 주는 '그 무엇' 한 가지는 가지고 살아간다. 인생은 그 무엇을 발견하는 과정이라고 생각한다. 행복은 그 과정에서 체험하는 경험을 즐기는 것이다. 자신이 만든 조각상이 생명을 얻는 기적을 지켜보는 피그말리온처럼, 이 책을 읽는 독자분들이 그 무엇을 발견하길 바란다. 그곳에 이 책이 조금이라도 도움이 될 수 있기를 바라며.

2023년 12월
아리나

잘살고 사랑하고 배우며 공헌하는
균형 잡힌 삶을 살아가는 사람들과 함께 합니다.

차례

1월 January	015
2월 February	079
3월 March	137
4월 April	201
5월 May	263
6월 June	327

남은 삶의 여정은…
가는 길과 길 위에서의 경험을 즐기세요.
… 과정이 전부랍니다.

–리처드 J. 라이더·데이비드 A. 샤피로,
『인생의 절반쯤 왔을 때 깨닫게 되는 것들』 중에서

365
혼자서 함께 하는 여행

1월
January

- ◇ 1일 지금 이 순간
- ◇ 2일 행동하는 사람
- ◇ 3일 10년 빨리 찾아온 미래
- ◇ 4일 부의 3요소
- ◇ 5일 준비하는 마음
- ◇ 6일 진성성
- ◇ 7일 발견
- ◇ 8일 내게 남은 삶이 한 시간뿐이라면
- ◇ 9일 부싯돌
- ◇ 10일 보물지도
- ◇ 11일 '왜'와 '어떻게'
- ◇ 12일 의미 있는 삶
- ◇ 13일 완료형 말버릇
- ◇ 14일 감춰진 과녁
- ◇ 15일 기브앤기브
- ◇ 16일 가장 중요한 일부터 하기
- ◇ 17일 기억력은 능력이다
- ◇ 18일 배움의 의무
- ◇ 19일 주말경쟁력
- ◇ 20일 게으름
- ◇ 21일 삶의 행복
- ◇ 22일 먼저 인사하라
- ◇ 23일 재능과 특기
- ◇ 24일 초보자
- ◇ 25일 노래 부르기
- ◇ 26일 머니러시
- ◇ 27일 균형감각
- ◇ 28일 현재에 살라
- ◇ 29일 단 한 점의 그림만 팔았던 반 고흐
- ◇ 30일 용기
- ◇ 31일 행운

1월 1일

지금 이 순간

당신에게 가장 중요한 때는 언제인가?
당신에게 가장 중요한 일은 무엇인가?
당신에게 가장 중요한 사람은 누구인가?

당신에게 가장 중요한 때는
현재이며,
당신에게 가장 중요한 일은
지금 하고 있는 일이며,
당신에게 가장 중요한 사람은
지금 만나고 있는 사람이다.

－레프 톨스토이, 『살아갈 날들을 위한 공부』 중에서

✱✱ 삶은 '지금'의 연결이다. 모든 일은 지금 안에서 일어난다. 지금 안에서 일어난 일들이 과거로 흘러가고, 미래를 만든다. 오직 현재의 '지금 이 순간'에 집중해야 하는 이유다. '지금'을 잘 산다면 이전의 삶이나 이후의 삶을 좀 더 의미 있는 삶으로 만들 수 있을 것이다. 하루하루가 선물이다. 그래서 '지금 이 순간(The Present)은 가장 소중한 선물(The Present)'이라 부르는 것이다.

1월 2일

행동하는 사람

여러분이 원하는 것이 무엇이든 온 마음으로 원하고 끊임없이 추구하고 목표가 합리적이라면, 그리고 '정말로 얻을 수 있다고 믿는다면!' 이뤄낼 수 있을 것이다.

단순히 무언가를 얻고 싶다고 '소망하는 것'과 얻게 될 것이라고 '실제로 믿는 것' 사이에는 커다란 차이가 있다. 수많은 사람들이 이 차이를 몰라 실패를 한다. 어떤 일에서든 '행동하는 사람'은 '믿음을 가진 사람들'이다.

— 나폴레온 힐, 『성공의 법칙』 중에서

✱✱ '믿음'이란 보이지 않는 것을 믿는 것이다. 정말로 원하는 것이 있다면 소망으로 그치는 것이 아닌 실제로 믿고 행동을 해야 한다. 행동하지 않고 소망만 한다면 소망으로 끝나지만, 행동한다면 목표를 이룰 수 있다. 우리의 말과 행동이 언제나 일치하지는 않는다. 하지만 행동의 산물인 결과는 '나'라는 사람의 모습을 비춰준다. '행함이 없는 믿음은 죽은 믿음이다'라고 했다. 행동을 시작하는데 필요한 첫 번째 관문은 '결단'이다. 결단한 일을 실제 행동으로 옮겼느냐 아니냐에 따라 원하는 미래가 만들어진다. 결과는 행동의 산물이다.

인도의 시인이자 철학자였던 라빈드라나트 타고르가 남긴 말처럼, 물을 바라보고 있는 것만으로는 바다를 건널 수 없다.

1월 3일

10년 빨리 찾아온 미래

　나이가 들수록 과거가 차지하는 비중은 커지고, 세월은 더 빨리 흐른다. 아침에는 유치원에 처음 등원하는 아들과 헤어지면서 뽀뽀를 해줬는데, 오후에는 그 아들이 5학년이 되어 집에 돌아오는 식이다. (…)
　우리가 경험하는 것은 시간이 아닌 변화다.

―스콧 갤러웨이,『거대한 가속』중에서

✳︎ 나이가 들수록 시간이 빨리 간다고 한다. 10대는 10킬로미터로 가고, 80대는 80킬로미터로 간다고 말한다. 세상은 전보다 빠르게 돌아가고 있고, 새로운 변화들이 뉴 노멀(new normal)로 자리 잡고 있다. 새로운 변화를 막을 수는 없다. 무엇보다 중요한 건 내 삶에 찾아온 있는 그대로의 현실을 받아들이는 태도일 것이다. 변화의 자연스러운 흐름에 합류하는 것이 버티고 저항하는 것보다 보다 나은 선택을 할 기회를 가져다 줄 수 있다. 세상에 존재하는 모든 것은 끊임없이 변한다. 우리가 알고 있는 영원히 변하지 않는 진리는, '이 세상에 변하지 않는 것은 오직 변화 뿐'이라는 사실이다. 마하트마 간디는 "이 세상이 변화하길 원한다면 당신이 먼저 그렇게 변해라."라고 했다. 우리가 해야 할 일은 각자의 위치에서 방법을 찾고 행동하는 것뿐이다.

1월 4일

부의 3요소

　부는 물질적인 소유물이나 돈, 또는 '물건'이 아니라 3F로 이루어진다. 3F는 부의 3요소로 가족(Family, 관계), 신체(Fitness, 건강), 그리고 자유(Freedom, 선택)를 말한다. 3F가 충족될 때 진정한 부를 느낄 수 있다. 즉 행복을 얻을 수 있다.

-엠제이 드마코, 『부의 추월차선』 중에서

※ 유대인 탈무드 명언에 이런 말이 있다. '넘어지는 것은 혼자서 할 수 있지만 일어나려면 다정한 손길이 필요하다.' 이 말은 사람은 혼자의 힘으로는 살아갈 수 없음을 상기시켜 준다. 행복한 삶을 살려면 가족이나 친구, 그리고 사랑하는 사람들과 함께 해야 함을 일깨워준다. 기쁨과 슬픔을 나눌 수 있는 사람들이 곁에 있다면 부유한 마음을 느낄 수 있을 것이다. 마하트마 간디는 '금과 은이 아닌 진정한 부는 건강이다.'라고 말했다. 미국 사상가이자 시인인 랄프 왈도 에머슨 역시 '건강은 제일의 부이다.'라고 비슷한 말을 했다. 활기찬 에너지는 건강한 신체에서 나온다. 행복하게 살려면 몸이 건강해야 한다. 『위기의 시대 돈의 미래』를 쓴 짐 로저스는 "내가 젊어서 돈을 벌고 싶었던 건 '자유'를 사고 싶었기 때문이다."라고 말했다. 2년간 숲 생활의 삶을 기록하며, 그 어떤 것에 의해서도 구속받지 않으려는 자기 자신만의 참다운 인생의 길을 가고자 했던 『월든』의 저자인 헨리 데이비드 소로는 "부란 인생을 충분히 경험할 수 있는 능력이다."라고 말했다. 원하는 삶을 선택하고 살아갈 자유가 있다면 풍요로운 인생을 살 수 있을 것이다.

　행복한 삶의 요소로 꼽는 것은 사람마다 다르다. 각자의 처한 환경과 위치가 다르기 때문이다. 중요한 것은 진정한 부를 느낄 수 있을 때 행복 또한 얻을 수 있다는 것이다.

1월 5일

준비하는 마음

나는 마음에 드는 사람이 있으면 적극적으로 만남을 추진한다. 만나기 전날에는 반드시 그 사람에 대해서 찾아본다. 어떤 일을 하는 사람인지, 어떤 실적을 달성했는지, 블로그나 SNS를 하고 있다면 내용을 확인하고, 책을 썼다면 최근에 출간한 책이 무엇인지 찾아본다. 이렇게 하면 실제로 만났을 때 자연스럽게 대화를 나눌 수 있고, 진지하게 비즈니스를 제안할 수 있다.

- 고토 하야토, 『나는 저녁마다 삶의 방향을 잡는다』 중에서

✽ 만남뿐만 아니라 어떤 일을 하든지 준비가 필요하다. 사전에 준비하면, 상대방에 대한 부담을 줄일 수 있고, 상대방의 관심사에 자연스럽게 대화할 수도 있다. 또 어려운 상황이라면 그 자리에서 해결 방법을 찾을 수도 있다. 준비하는 마음가짐은 뜻밖의 가치 있는 정보를 얻게 해 주어 예기치 못한 결과를 이끌어 낼 수도 있다. 단, 주의할 점은 너무 철저히 준비하지 않아도 된다는 것이다. 그럴 경우 오히려 상대방은 감시당한 것 같은 기분으로 경계심을 갖게 될지도 모르기 때문이다. 친분이 있는 사이라면, 평소에 어떤 사람인지 관심을 기울이고 정보를 미리 알아 놓는다면 관계를 더 원만하게 이어갈 수 있을 것이다.

산의 정상에 도달하려면 준비를 해야 한다. 산이 높을수록 준비할 사항들이 많고, 준비하는 기간도 길어진다. 결국 준비를 철저히 한 사람이 서두르지 않고 편안하게 산을 오를 수 있고, 내려올 때도 산의 크기만큼 기쁨과 보람을 안고 내려온다.

1월 6일

진정성

　포노 사피엔스 문명에서 가장 크게 바뀌는 것은 모든 관계에서 진정성이 필수적이라는 것입니다. 개인간의 관계도, 직장 내 인간관계도, 기업과 소비자의 관계도, 유투버와 구독자의 관계도 모두 진정성이 생명입니다. 그래서 항상 포노 사피엔스 시대를 슬기롭게 살아내려면 진정성이 내 마음에 녹아 있어야 합니다.

- 최재붕, 『CHANGE 9』 중에서

※ 포노 사피엔스는 스마트폰 기반의 디지털 플랫폼 생활에 익숙한 사람들을 말한다. 포노 사피엔스 문명에서는 말 하나, 행동 하나하나의 모든 것이 투명하게 드러나고, 진정성을 느낄 수 있다. 사람의 마음을 움직인다는 것은 종합예술과 같다고 했다. 우리가 입는 옷, 읽는 책, 글씨, 미술, 노래, 정치 등에서 그 사람의 마음을 읽을 수 있다. 비접촉 방식의 생활인 언택트untact 공간에서도 이모티콘이나 문자 메시지 등을 통해 자신의 감정을 전달한다. 가끔 지인으로부터 일괄적으로 보낸 것 같은 '좋은 글?'이 올 때가 있다. 문자에 보답하고자 정성스럽게 답변을 작성하여 보냈으나, 상대방은 미동도 하지 않고 남겨둔다. 겉과 속이 다른 말과 행동은 오래가지 않아 사람들에게 눈치를 채이게 된다. 결국에는 외면을 당한다.

진정성은 새로운 시대에 가장 중요한 덕목으로 꼽힌다. 원활한 인간관계를 이어갈 때도, 오래도록 나의 일을 지속하고자 할 때도 진정성이 담겨 있어야 한다. 누군가를 위해 진심으로 행동한다면 내 삶을 더 풍성하게 해 주는 기회로 돌아올 것이다.

1월 7일

발견

눈을 떴을 때
거기 네가 있었다
그냥 별이었다
꽃이었다
반짝임 자체였다
그만 나는 무너지고 말았다
어둠이 되었다
나도 모를 일이다

— 나태주 시집, 『너의 햇볕에 마음을 말린다』 중에서

✾✾ 발견이란, 발명과는 달리 전에 없던 새로운 기계, 물건, 작업 과정 따위를 창조하는 일이 아니다. 이미 존재하고 있었는데 미처 보지 못한 것, 숨겨지고 잠재해 있었던 것을 찾아내는 것이다. 반짝반짝 빛나는 보석처럼 아름다운 별을 발견하는 것, 그것은 뜬금없이 이루어지는 것이 아니고, 그동안 그 발견을 향해 모든 것을 집중해 온 결과이다. 그 어느 것도 저절로 얻어지는 것은 없으며, 오직 성실하고 꾸준하게 나아간 뒤에라야 가능한 일들이다.

1월 8일

내게 남은 삶이 한 시간뿐이라면

마지막 한 시간 동안 내가 할 수 있는 단 하나의 일.
만약 내가 영화를 앞으로 돌리듯이 그날로 돌아간다면,
이번에는 덤으로 삶이 더 주어질 거라는 생각 없이
끝까지 내 인생을 밀어부칠 겁니다.
내가 할 수 있는 단 하나의 일을 할 겁니다.
바로 글을 쓰는 것입니다.
기껏해야 한 시간.
그것이 철학적인 글인지 혹은 다른 종류의 글인지
시(詩)인지 묻지 않는 시간.
인생에서 가장 자유로운 그 시간에 나는 글을 쓰겠습니다.

— 로제 폴 드루아, 『내게 남은 삶이 한 시간뿐이라면』 중에서

✼ 내 삶이 단 한 시간밖에 남지 않았다면, 각자가 선택하는 일은 다 다를 것이다. 선택하는 이유가 있을 것이다. 지금까지 살아오면서 가장 가치 있게 생각해 왔던 것들의 의미가 달라질 수도 있다. 늦었지만 시간의 소중함을 새롭게 깨달을 수도 있다.

사람들은 저마다의 의미 있던 삶의 순간들을 오래도록 새겨놓고 싶어 한다. 글쓰기를 통해서, 사진을 통해서, 그림을 통해서, 노래를 통해서 등등. 자신의 연속성을 유지하고 싶은 마음을 갖는다. 한 시간은, 미래를 위해 새로운 계획을 세울 여유도, 꿈을 이야기할 시간으로도 너무 작고 제한적이라 생각할 수도 있다. 삶의 마지막 날 남아있는 한 시간 동안에, 내가 할 수 있는, 내가 하고 싶은, 내가 남기고 싶은, 말하고 싶은, 단 하나의 일은 무엇일까?

1월 9일

부싯돌

밑바닥에 있더라도 누구에게나 한 톨의 불씨는 이미 가슴 속에 주어져 있게 마련이다. 그 불씨는 생명의 불씨이며, 살아 있다는 사실만으로도 그 불씨 하나를 갖고 있는 셈이다. 다만 그 불씨를 만들어낼 부싯돌은 사람마다 다를 수도 있다.

-캘리 최, 『파리에서 도시락을 파는 여자』 중에서

✳✳ 누구나 마음속에 자신만의 부싯돌 하나는 가지고 살아간다. 가족이 될 수도 있고, 자기 자신이 될 수도 있다. 내게 없는 것을 두려워하기보다는, 내가 가진 것에 더 집중하는 열정이 중요하다. 행운의 여신은 기다리면 찾아오는 것이 아니라, 지금 이 자리에서, 내가 가진 것을 가지고, 내가 할 수 있는 것을 잘 해낼 때 찾아온다. 가슴속에 숨겨져 있는 나의 부싯돌을 살려낼 수 있는 사람은 오직 나 자신뿐이다.

1월 10일

보물지도

　미래의 소원, 희망, 꿈, 포부는 자신의 가장 진정한 보물이다. 그런 보물을 마음의 안식처에 보호하자. 그림이 들어간 발견일지 뒤에 자신만의 보물지도를 보관하고 자주 들여다보자. 보물지도를 볼 때 당신이 앞으로 도달할 멋진 삶에 감사하자.

— 사라 밴 브레스낙, 『혼자 사는 즐거움』 중에서

✽✽ 누구나 보물지도를 그리며 살아간다. 보물지도를 완성하기 위한 방법으로 '시각화'를 하라고 한다. 마음속에 생생하게 상상하거나, 시각적으로 늘 볼 수 있게 걸어 놓으면 잠재의식 속에 새겨지고, 몸이 그쪽으로 움직이게 된다는 것이다. 많은 성공한 사람들은 그들의 성공 비결이 '마음속으로 그려보기'에 있었다고 말한다. 내가 하고자 하는 일이나, 되고자 하는 모습을 마음속에 그려보고 믿으면, 실제로 우리의 마음과 감정은 그 모습을 미리 경험하게 된다는 것이다. 성공을 이미지화하기만 해도 뇌는 실제로 성공했다고 인식하며, 실제 성공으로 유도한다고 한다.

『성취의 법칙』의 저자 로버트 콜리어는 "마음속에 원하는 것을 그려보라. 그것을 보고 느끼고 믿어라. 청사진을 만들어 집을 짓기 시작하라."라고 말했다. 무엇보다 중요한 것은 보물지도를 따라가기 전에 '왜' 이것을 찾아야 하는지를 체크하는 일일 것이다.

1월 11일

'왜'와 '어떻게'

공부를 하든, 일을 하든, 그것이 괴롭고 힘든 노동이 되지 않기 위해서는 어떤 조치가 필요할까요? 공부나 일을 '어떻게' 할 것인가? '언제까지 얼마를' 달성할 것인가? 이 두 가지 질문도 매우 중요합니다. 하지만 이 두 가지에 반드시 앞서야 하는 것은 이렇게 힘든 공부를 '왜' 해야 하는지, 이렇게 힘든 프로젝트를 '왜' 해야 하는지, 그 이유를 분명히 납득하는 일입니다.

−공병호, 『일취월장』 중에서

✻✻ '왜' 이 일을 해야 하는지, '왜' 부자가 되어야 하는지, '해야 함'의 정당성을 스스로 답할 수 있어야 한다. 그뿐만 아니라 타인에게도 납득 시킬 수 있을 때 행동할 수 있는 힘이 나온다. '왜'를 결단하면 '어떻게'는 자연스럽게 따라온다. '왜'의 설명을 제대로 하지 못하면 일을 대하는 태도가 달라진다.

나는 이걸 왜 하고 있는가? 자신에게 물어보라. 내가 지금 하고 일에는 이유가 있어야 한다. 끝까지 해내고 성공하는 사람은 머리가 좋고 좋은 환경을 가진 사람이 아니다. 목적의식이 뚜렷한 사람이다. 세상에서 가장 무서운 사람은 '목적이 있는 사람'이라는 말은 저절로 생겨난 게 아니다.

1월 12일

의미 있는 삶

　무슨 일을 하든지 그 일은 우리 자신을 표현하는 것이다. 열정과 감사, 관대함과 성실함으로 일할 때 의미를 가질 수 있다. 그리고 당장은 아무리 하찮은 일을 하는 것처럼 보여도 의미로 그 일을 변화시킬 수 있다.
　의미는 삶의 유산이며, 숭고한 영적 추구이다. 우리는 숨을 쉬는 존재이고 따라서 영적이다. 따라서 삶은 의미가 있다. 따라서 우리는 일을 한다.

－알렉스 파타코스,『의미있게 산다는 것』중에서

✽✽ 누구나 살다 보면 본인의 의도와는 완전히 다른 방향으로 갈 때도 있다. 그럴 때 선택은 자신이 추구하는 '의미'에 달려 있다. 의미 있는 삶을 살면 상황을 반전시킬 수도 있다. 아인슈타인은 대학원 진학 실패로 특허사무소 3급 기술직에 취업했다. 이것은 훗날 그의 성공 발판이 되었다. 특허사무소 일을 하면서 자유롭게 한 가지 주제에 깊이 파고들면서 그의 창조성은 발휘되었다. 처음에는 절망적으로 보이는 상황이나 조건일지라도 긍정적인 도전으로 변화시킬 수 있다. 『죽음의 수용소에서』의 저자이자 세계적인 심리학자인 빅터 E. 프랭클은 말했다. "일은 능력이 전부가 아니다. 능력은 의미 있는 삶을 위한 필요충분조건이 아니다. 어떤 사람은 일을 할 수 있어도 의미 있는 삶을 살지 못할 수 있고, 일을 하지 못하는 사람도 자신의 삶에 의미를 부여할 수 있다."

삶의 모든 순간에는 의미가 담겨 있다. 그 의미를 찾는 것은 각자의 몫이다.

1월 13일

완료형 말버릇

소원을 이루려면 세 가지 규칙이 있다.

· 결과를 정하고 우주에 주문을 낼 것
· 우주로부터 오는 힌트는 처음 0.5초 내에 곧바로 실행할 것
· 말버릇을 긍정적으로 바꿀 것

우주가 가장 받아들이기 쉬운 것은 그 사람이 믿고 있는 대상이나 말이다. 즉 평소에 자주 사용되는 말버릇이다.

— 고이케 히로시, 『2억 빚을 진 내게 우주님이 가르쳐준 운이 풀리는 말버릇』 중에서

✲✲ 랄프 왈도 에머슨은 "하루 종일 생각하는 것. 그것이 바로 그 사람이다."라고 말했다. 말 또한 그렇다. 하루 종일 품고 있던 생각이 어느 순간 튀어나온다. 평소에 자주 사용하는 말버릇을 긍정적으로 바꾸어야 하는 이유다. 어떤 표현으로 말하는가에 따라 인생이 바뀌고, 소원이 이루어질 수 있다는 것이다.

'시작'의 관점이 아니라 이미 이루어진 '결과'의 관점으로 표현하라. '요청이나 희망' 하는 듯한 말버릇은 원하는 대상이 나에게 없음을 표현하는 부정적인 현실만 증폭시킨다고 한다. 자신이 원하는 바가 이미 이루어졌다는 믿음을 가지고 완료형 시제로 주문을 해보자.

1월 14일

감춰진 과녁

　메리 셸리와 조앤 롤링, 그리고 파블로 피카소는 모두 감춰진 과녁을 맞힌 공상가였다. 그런데 '공상가visionary'와 '상상력imagination'이라는 단어에는 '상상vision'과 '이미지image'라는 말이 각각 들어 있다. 피카소는 이미지 속에서 자기가 바라보고자 하는 것을 봤고, 롤링은 이미지가 동반된 어떤 서사(이야기)를 봤고, 셸리에게는 문자로 표현되는 어떤 상상이 있었다. 알베르트 아인슈타인 역시 사물을 봤다.

-크레이그 라이트, 『히든 해빗』 중에서

✵✵ 모든 것에는 '감춰진 과녁'이 있다. 이미지 속에 감춰진 그 과녁은 보이지 않는 것들을 믿는 생각을 가진 사람의 눈으로만 볼 수 있다. '믿다, 생각하다'라는 의미의 영어 단어는 'believe'이다. believe는 어원적으로 be와 live의 합성어로서 '살게 하다'란 뜻이 내포되어 있다. 상상하는 대로 삶을 변화시키고 창조해 나가는 것은 각자의 몫이다.

아인슈타인은 "상상력은 지식보다 더 중요하다. 지식은 제한돼 있지만, 상상력은 세상을 에워싼다."라는 말을 남겼다. 이탈리아 화가 미켈란젤로는 "나는 조각하지 않았다. 대리석 속에 숨어있는 인물을 보며 돌을 쪼아냈을 뿐이다."라고 말했다.

지금 우리 주위의 결과물들은 과거 누군가의 상상력 속에 있던 것들이다. 갑자기 아무것도 없는 무(無)에서 불쑥 튀어나온 게 아니다. 미래에 존재하게 될 그것들은 지금 누군가의 상상 속에 있을 것이다. 내가 바라는 나의 미래 또한 지금의 나의 상상 속에 있다. 내가 원하는 좋은 것들만 상상해야 하는 이유다.

1월 15일

기브앤기브

'기브앤테이크'가 신뢰를 만든다. 아니다, '기브 앤 기브'가 아니면 신뢰가 시작될 수도 없다. (…)
　계산에 밝은 사람은 다른 사람에게 진심으로 사랑받지 못한다. 그리고 그런 사람은 대가를 기대했다가 아무것도 얻지 못했을 때, 상대에 대해 분노나 원한 같은 부정적인 마음을 갖게 된다. 이런 부정적인 감정이 커지면 행복한 인생을 살 수 없다. 그러므로 행복한 부자가 되고 싶다면 'Give& Take'가 아닌 'Give&Give'라는 사고방식을 가져야 한다.

　　　　　　　　　　　　－후지타 다카시, 『아니다 혁명』 중에서

✱✱ 우리가 늘 바람직한 삶의 방식이라고 생각해 왔던 일들이 '아니다'라고 생각할 때가 있다. 'Give&Take'도 그중의 하나다. 내가 준 만큼 받고 싶은 마음을 갖게 되는 것, 대부분 사람의 심리일 것이다. 혹시라도 그에 상응하는 바람이 못 미칠 경우 서운한 감정을 갖기도 한다. 현실적으로 간혹 주기만 하는 사람이 있고, 받기만 하는 사람도 있다. 그 전에 먼저 나 자신을 들여다봐야 한다. 전자라면, 진심으로 내가 주고 싶어서 하는 행동이었는지를. 상대에 대한 부정적인 감정이 개입된 관계는 자연스럽게 멀어진다.

삶은 '메아리'와 같다고 한다. 대가를 바라지 않고 우리가 말하고 행동하는 모든 것은 어느 순간, 어떤 형식으로든 되돌아온다는 것이다. 우리가 줄 수 있는 건 돈과 물질뿐만이 아니다. 밝은 미소, 친절과 배려, 경청, 감사한 마음 등은 신뢰 있는 관계를 만드는 요소이다.

1월 16일

가장 중요한 일부터 하기

　멋진 인생을 살아가고, 성공적인 경력을 쌓고, 자기 자신에 대해 높은 긍지를 느끼기 위한 열쇠 중의 하나는 제일 먼저 가장 중요한 일부터 시작하고 완수하는 습관을 기르는 것이다. 그렇게 할 때, 이 습관은 스스로 강력한 힘을 발휘할 것이며, 당신은 임무를 완성하지 않는 것보다 완성하는 편이 훨씬 더 수월하다는 사실을 발견하게 될 것이다.

―브라이언 트레이시, 『개구리를 먹어라』 중에서

✳✳ 책 제목의 개구리는 '지금 당장 처리하지 않으면 십중팔구 뒤로 미룰 것이 확실한 일, 그러나 당신에게 있어서 가장 중요하고 가장 커다란 비중을 차지하는 일'을 말한다. 두 마리 개구리를 먹어야 한다면, 더 보기 싫은 개구리부터 먼저 먹으라고 한다. 즉 더 크고 어렵고 중요한 일부터 먼저 시작하라는 뜻이다.

우리는 매일 매일 해야 할 일들이 너무 많다. 우선순위를 정해 놓아도 계획대로 행동하기가 쉽지 않다. 중간중간 다른 일들과 뜬금없는 생각이 갑자기 끼어들어 일의 흐름을 방해하기도 한다. 성공의 핵심은 '행동'이라는 것을 알면서도 말이다. 자신과의 약속을 성공적으로 끝내고 난 후에 얻은 성취감은 자신감을 주고, 또 다른 일을 해낼 수 있는 긍정적인 에너지를 준다. 어떤 한 분야에 전문가가 되기 위해서는 반복적인 연습이 필요하다. 습관을 완성하는 것 또한 마찬가지다. 날마다 연습하는 과정을 통해 자신이 바라는 습관을 체질화시킬 수 있다. 하루하루의 작은 성공체험이 쌓여 큰 성공에 이르게 되는 것이다. '가장 중요한 일부터 시작하고 완수하는 습관'을 들여 보자.

1월 17일

기억력은 능력이다

가장 소중한 시간과 에너지, 그것을 절약하는 도구는 바로 기억력이다. 기억력 없이는 온갖 지식은 모두 쓸모가 없다. 그렇지 않다면 우리는 어떤 일을 할 때, 새로운 것인 양 그것에 대응해야 할 것이다. (…) 기억력의 능력은 기적과도 같다.

− 데일카네기 외 6인, 『내 인생의 기적을 만든다』 중에서

※ 기억력이 좋으면 더 많은 정보를 얻을 수 있고, 신뢰를 얻기가 쉬울 수도 있다. 하지만 뇌에 입력한 정보를 다 기억해 내는 일이란 불가능한 일이다. 기억력은 '어떻게 정보를 기록시켰느냐'에 따라 달라진다고 한다. 기억력을 이용하는 데 도움이 되는 지침으로는,

쉬고 있을 때 두뇌가 그 일을 기억하게 하는 것, 기억해야 할 것을 반복해서 생각하는 것, 외워두었던 것 다시 살펴보기, 기억해야 할 것들을 공식이나 암호화하기, 여분의 시간마다 꺼내 보기 등을 제안한다. 기억 못 한다는 건 때론 그 일에 큰 의미를 두고 있지 않은 것이라고 말할 수도 있다. 외국어 단어 암기할 때를 떠올려 보자. 매일 한 시간 이상 새로운 단어를 읽고 또 외우기를 반복하며 점진적으로 어휘력을 늘려갔다. 뛰어난 기억력을 향상시키기 위해서는 예나 지금이나 부단한 '노력과 반복'을 해야 함은 절대 진리이다.

1월 18일

배움의 의무

유대인 사이에는 어진 사람이 존재하지 않는다. 다만 현명하게 배운 사람이 있을 뿐이다. 사람은 일생 동안 공부하도록 만들어져 있다는 것이 유대인의 기본적인 생각이며 신념이기도 하다. 아무리 지혜로운 사람이라도 배우기를 중단하는 것은 용납되지 않는다. 중단한 그 순간에 지금까지 배운 모든 것을 잊게 된다고 생각하는 것이다.

―마빈 토케이어,『탈무드』중에서

✲✲ 예부터 유대인은 '책의 민족'이라 일컬어지고 있다. 평생을 읽어도 다 못 읽을 『탈무드』 한 권을 다 읽은 것만으로도 다시없는 기쁨 때문에 축하 파티를 연다고 한다. 마음만 먹으면 지금의 시대에서 우리는 무엇이든 배울 수 있는 기회가 널려 있다. 자신이 굳게 결심하고 그 일에 열중한다면, 배우지 못할 것은 거의 없다. 우리가 배우는 이유는 좀 더 나은 삶을 살기 위해서다.

괴테는 "자신이 누구인지 아는 방법은 생각을 통해서가 아니라 행동을 통해서"라고 했다. 인생의 새로운 기쁨 하나를 추가해 보자. 지금까지 살아오면서 미루고 미루던 숙제가 남아 있다면, 평소에 배워보고 싶었던 일이 있다면, 지금 시작해 보는 건 어떨까. 팀 페리스의 책 제목처럼 지금 하지 않으면 언제 하겠는가.

1월 19일

주말경쟁력

주말경쟁력이란 단어에는 '주말을 경영한다'는, 즉 '주말경영(Weekend Management: WM)'이란 의미가 포함되어 있다. 물론 조금은 한가하고 느긋하게 보내야 하는 주말까지 '경영'의 대상이 되어야 하느냐고 반문하거나 화를 내는 사람도 있을 것이다. '느긋하게 혹은 한가하게' 보내지 말라는 이야기가 결코 아니다. 핵심은 각자 주말 동안 무엇을 하더라도 얼마든지 경영한다는 시각으로 접근할 수 있다는 점이다.

-공병호, 『주말 경쟁력을 높여라』 중에서

✳✳ 주5일 근무를 할 때, 주중은 120시간, 주말은 토요일 일요일을 합해 모두 48시간이다. 한 인간의 삶 가운데 주말은 약 30퍼센트를 차지하며, 거의 3분의 1에 가까운 시간이다. 사실 자신의 선택에 따라 온전히 자유로울 수 있는 유일한 시간은 특정의 경우를 제외하고 주말이 될 것이다. 즉 온전히 자신을 위해 다양한 선택을 할 수 있는 시간이 주말이다.

대부분 사람들의 삶의 리듬은 비슷하게 맞추어져 있다. 주말의 삶의 모습 또한 크게 다르지 않다. 주말을 잘 활용해야 하는 이유는, 스스로를 관리하고, 성취하는 삶을 위해서이다. 성공한 많은 사람들이 새벽 시간의 활용을 말하는 것처럼 진실로 황금 같은 주말이 되기 위해서는 생각의 전환이 필요해 보인다. 누구에게나 공평하게 주어지는 주말 시간을 자신만의 전략으로 삶에 차별화해 보자. 무미건조한 쳇바퀴에서 벗어나 30퍼센트 이상의 좀 더 풍요롭고 충만한 삶을 살 수 있을 것이다.

1월 20일

게으름

인생을 통해 무언가를 성취하고자 한다면, 먼저 편안함과 안락함이라는 침대에 누워 움직이기를 싫어하는 우리의 본성을 극복해야 한다. 계획과 실천 사이를 한참이나 떨어뜨려 놓은 게으름을 몰아내야 한다.

"행동에는 비용과 위험이 따른다. 하지만 우리 인생 전체를 망치는 게으름에 비하면 그 위험은 아무것도 아니다"라고 존 에프 케네디는 어느 연설에서 말했다.

-마이클 린버그, 『너만의 명작을 그려라』 중에서

✷✷ 게으름은 어느 순간 매력적으로 보일 수도 있다. 하지만 게으름은 휴식과 다르다. 일을 더 잘하기 위해 에너지를 충전하는 휴식은 필요하지만 게으름은 인생 전체를 망칠 수도 있음을 경고한다. 게으름에 대한 교훈을 주는 글들이 많다. '게으름은 모든 죄의 시초다.'란 독일 격언이 있고, '게으름은 악의 어머니다.'란 러시아 격언이 있다. 또한 '게으른 손은 악마의 일터다.'란 미국 격언이 있고, '가난은 게으름의 문에서 기다린다.'란 아일랜드 격언이 있다. 토마스 카일라일(Thomas Carlyle)은 '나태한 사람에게는 늘 절망만이 있을 뿐이다'라고 했다. 후지타 다카시는 『아니다 혁명』이라는 책에서 '일일완결과 즉결즉행' 실천으로 미루는 행동을 지양하고, 즉시 행동에 옮길 것을 제안한다. 게으름은 온갖 종류의 이유를 만들어 내며 행동에 제동을 건다. 중요한 것은 많이 아는 것보다 행동하는 것임을 잊지 말자.

1월 21일

삶의 행복

목표에 도달하고 말고는 별로 중요하지 않다. 우리는 행복하기 위해서 우리가 정한 목표를 전부 성취할 때까지 기다릴 필요가 없다. 우리가 택한 길 자체가 목표보다 훨씬 중요하다. 행복은 그 길을 가는 동안 얻는 것이다. 물론 앞으로 나아가면서 쾌감을 느끼고 우리가 나아가는 목적지가 명확하게 정해져 있을수록(도중에 바뀔 수도 있지만), 그 목적지가 우리 존재의 가장 간절한 열망에 부합할수록 우리의 여정은 행복할 것이다.

-프레데릭 르누아르, 『행복을 철학하다』 중에서

✲✲ 우리의 삶은 선택의 연속이다. 감정뿐만 아니라 자신의 직업, 삶의 방식, 삶의 가치, 배우자 등 모든 것을 선택한다. 선택한 삶에는 자신만이 내릴 수 있는 특정한 의미를 담는다. 이 모든 것들은 이 세상 모든 사람이 추구하는 가장 보편적인 목표인 행복을 찾기 위해서이다. 행복은 주관적이라고 하는 이유는, 똑같은 체험일지라도 개인에 따라, 환경에 따라 다를 수 있기 때문이다. 결국 행복은 자기 안에 있다는 것이다.

리처드 J. 라이더는 『인생의 절반쯤 왔을 때 깨닫게 되는 것들』이란 책에서, '우리가 찾아야 할 것은 마지막 목적지가 아니라, 그곳까지 가는 여정 그 자체'라고 말했다. 즉 행복은 걸어가는 길 위에서 체험하는 경험이다. 결과도 중요하지만, 과정은 더 중요하다. 내가 선택한 삶의 과정에서 발견하는 그것이 나를 행복으로 이끈다. 지금, 이 순간은 나의 행복을 연결하는 과정이다.

1월 22일

먼저 인사하라

　호감 가는 사람이 되고 싶다면 지금 당장 실천해야 할 것이 있다. 바로 상대방이 누구든 당신이 먼저 인사를 하는 것이다.

　인사는 아주 간단하지만, 인간관계나 장소의 분위기를 좋게 만들고 싶을 때 가장 뛰어난 효과를 발휘한다. 왜냐하면 당신이 먼저 건넨 인사는 상대방에게 '나는 당신에게 적의가 없습니다. 오히려 당신과 친하게 지내고 싶습니다'라는 의사를 전달하기 때문이다. 게다가 상대방이 인사해 오길 기다리기보다 당신이 먼저 반갑게 인사를 한다면 그것은 곧 상대방을 치켜세운다는 의미이기도 하다.

-우에니시 아키라, 『사람들에게 호감 받는 100가지 방법』 중에서

✼✼ 인사는 살아가면서 갖춰야 할 기본 자질이다. 기분 좋은 인사는 상대방에게 좋은 기운을 주고, 나에게도 좋은 기분을 선사한다. 또한 인사는 관심과 호감을 느끼게 하여 인간관계를 키워가는 훌륭한 수단이 될 수 있다.

내가 먼저 인사를 해보자. 사람이란 누군가로부터 호의를 받으면 호의로 보답하고 싶어지는 심리가 있다. 이를 '호의의 반보성(反報性)'이라고 한다. 인사도 결국엔 기브 앤 테이크인 것이다.

하지만 주의할 점은, 모든 규칙이 누구에게나 똑같이 적용되는 것은 아니듯이, 먼저 인사하는 것이 언제나 환영받는 일은 아닐 수도 있다는 생각을 한다. 상황에 따라 누군가는 타인의 가벼운 관심조차 부담스러운 관계 맺기로 느낄 수 있기 때문이다.

1월 23일

재능과 특기

"새로운 곡을 창조할 수 없다면 그냥 연주만 해라. 그런데 연주를 할 수 없다면 누군가를 가르쳐라."

이는 내가 클래식 피아니스트로서 누군가를 가르치기 시작했던 이스트만음악학교 Eastman School of Music 같은 음악학교들의 모토다.

작곡을 하거나 연주자로 생계를 꾸릴 수 없었던 나는 하버드대학교 대학원에 진학해서 박사 학위를 받고 강의실에서 학생을 가르치고 또 고전 음악사를 연구하는 연구자가 됐다.

−크레이그 라이트, 『히든 해빗』 중에서

※ 하나의 작품이 완성되려면 작곡가, 연주자, 지도자 모두의 재능과 특기가 중요하다. 누구나 자신이 잘할 수 있는 재능과 특기를 가지고 있다. 가르치는 능력, 연주 능력, 학문 연구 능력, 그림 그리는 능력, 글 쓰는 능력, 사업 능력, 스트레스 관리 능력, 상상력이 풍부한 능력 등 자신만의 뛰어난 능력을 갖추고 있다. 자신만의 능력을 기반으로 위대한 인물로 인정받으며 천재로 불리는 사람도 있고, 동시에 공동의 목표를 추구하고자 함께 일하는 사람도 있다. 공동의 성취는 혼자 할 때보다 더 많은 것을 이루게 해주며, 다 함께 누릴 수 있는 더 큰 가치를 느끼게 해준다.

"인생에서 진짜 비극은 천재적인 재능을 타고나지 못한 것이 아니라, 이미 가지고 있는 강점을 제대로 활용하지 못하는 것이다."라고 벤저민 프랭클린은 말했다. 우리가 해야 할 일은, 자신의 능력 없음을 비관하는 것이 아니라, 재능을 발견하고 찾아서 개발하기 위한 노력을 하는 것이다.

1월 24일

초보자

  초보자는 '가면증후군', 즉 자기 생각과 달리 자신이 전문가가 아니라는 걱정에 시달릴 필요가 없다. 잘할 거라고 기대하는 사람이 아무도 없기 때문이다. 초보자는 기대에 부담을 느낄 일도 없고 과거의 무게에 짓눌릴 일도 없다. 선불교에서는 이 상태를 '초심자의 마음'이라고 한다.

－톰 밴더빌트,『일단 해보기의 기술』중에서

✲✲ 처음부터 잘하는 사람은 없다. 초보자들이 넘어지고, 실수하고, 상처받고, 거절 받는 것은 당연한 일이다. 뭔가를 서툴게 하는 것보다는 잘하는 편이 칭찬도 받는다. 한 번도 가보지 않은 낯선 장소에 들어선다는 것이 흥미롭고 즐거운 것만은 아니다. 나의 첫걸음을 모두가 응원해 주는 것도 아니다. 중요한 것은 어떤 상황에서든 초보자의 마음을 유지하는 것이다. 주변의 시선에 휘둘리다 보면 자신감도 줄어들고, 그동안의 노력을 헛수고로 되돌릴 수도 있기 때문이다. 초보 단계를 거치며 자기 자신에 대해서도 배우게 된다. 내가 아는 지인은 멋진 캘리그래피로 '처음처럼'이라고 쓴 가훈을 걸어 놓았다고 했다. 항상 시작하는 초심자의 마음으로 살겠다는 의지를 담은 것이라고 한다. 무슨 일이든 마찬가지이듯이, 시작보다 더 중요한 것은 초보자의 마음을 잃지 않는 것이다.

1월 25일

노래 부르기

노래 부르기는 우리에게 이롭다. 노래를 부르면 면역 기능이 활성화되고, 엔도르핀과 일명 '사랑의 호르몬'이라고 불리는 옥시토신이 분비된다. 호흡기 기능이 강화되고, 갑작스러운 심장마비에 걸릴 위험이 줄어든다. 심박수, 혈압, 소화를 비롯한 여러 신체 기능을 잘 수행하도록 뇌를 보조하는 미주 신경이라는 중요한 신경섬유 뭉치가 활성화됨으로써 우울증이 개선되기도 한다.

―톰 밴더빌트, 『일단 해보기의 기술』 중에서

**『노래하는 네안데르탈인』의 저자이자 고고학자인 스티븐 미슨은 "노래는 좋은 감정과 상호 유대감을 느끼게 해 준다."라고 했다. 어느 순간 들은 노래 한 곡이 하루 종일 귓전을 맴돌 때가 있다. 노래 가사 말이 유난히 내 마음을 붙잡고 있는 그런 날이다. 나는 수잔 잭스가 부른 <Evergreen>을 좋아한다. 오래전 가사를 외우며 따라 불렀는데, 정감 있는 목소리와 아름다운 가사를 들을 때마다 여유롭고 차분한 느낌이 들게 된다. 함께 노래 부르기는 신체적 건강만이 아니라, 심리 상담 치료 수단으로도 활용된다고 한다. 또한 대중적 교감을 느낄 수 있게 해 준다.

가끔 노래 부르기는 '그들만의 영역'이라는 생각이 들 때가 있다. 지금은 노래를 직접 부를 일이 거의 없다 보니 노래보다는 긍정적인 에너지를 주는 잔잔한 음악이나 클래식 음악 방송에 채널을 더 많이 고정시킨다. 노래 또한 자주 부르지 않으면 실력이 줄어든다. "내가 행복해서 노래하는 것이 아니라 노래하기 때문에 행복한 것이다."라고 심리학의 아버지라 불리는 윌리엄 제임스는 말했다. 지금 자신이 좋아하는 노래를 생각해 보자. 실제로 노래할 때는 말할 때보다 뇌에서 감정을 관장하는 부위가 더 활성화된다고 한다.

1월 26일

머니러시

미국 서부에서 금광이 발견되자 사람들이 몰려들었던 '골드러시Gold Rush'에 빗대어, 수입을 다변화·극대화하고자 하는 노력을 '머니러시Money Rush'라고 부르고자 한다. 머니러시는 '자본주의 키즈'의 흐름을 잇는 키워드다. 돈에 편견이 없는 자본주의 키즈가 주로 '플렉스flex'로 일컬어지는 소비에 큰 관심을 두었다면, 돈이 절실하게 필요한 사람들의 머니러시는 주로 '파이프라인'이라고 불리우는 수입원 다각화에 초점을 맞춘다.

– 김난도, 『트렌드 코리아 2022』 중에서

✱✱ 지금의 초연결사회에서 돈을 버는 방법으로, '시스템 소득'을 말하는 것은 당연한 일일지도 모른다. "잠자는 동안에도 돈이 들어오는 방법을 찾아내지 못한다면, 당신은 죽을 때까지 일해야 할 것이다." 세계적인 부호이자 투자가인 워렌 버핏이 한 말이다. 내가 일하지 않아도, 자동으로 돈이 들어오는 고정수입이 없다면 평생 일해야 한다는 것이다.

사실 평범한 사람이 자신의 삶의 기준을 만족시킬 수 있는 고정 수입이 들어오는 시스템을 갖춘다는 것이 쉬운 일은 아니다. 시스템을 만들 만큼 천재도 아니고, 시스템을 살 수 있을 만큼 부자인 사람도 많지 않기 때문이다. 각자도생의 시대에, 현재 자신이 가지고 있는 도구로 파이프라인을 구축하는 것은 이제 각자의 몫으로 남겨졌다.

1월 27일

균형감각

현인이 말했다.

사람이나 사물과 관계를 맺을 때는 집착이나 초연 사이에서 알맞은 균형감각으로 행동해야 한다. 사랑하는 사람에게 연연하는 것은 지극히 당연하다. 사랑하는 사람에게 마음을 다해 연연하지 않으면서 깊이 사랑할 수는 없기 때문이다. 그러나 사랑하는 사람을 생각할 때도 초연하는 마음의 자세를 지녀야 한다. 어떤 사람도 내가 소유한 것이 아니며, 그는 자기에게 주어진 고유한 운명을 따른다.

—프레데릭 르누아르, 『오직, 사랑』 중에서

✲✲ 세상의 모든 것은 끊임없이 변하며, 영원하지 않다는 것은 인생의 법칙이다. "행복은 더 많은 것을 탐하는 것이 아니라, 이미 소유한 것을 진정한 마음으로 기뻐하는 것이다."라고 옛 성현은 말했다. 더 많이 소유하는 것이 반드시 행복의 기준은 아니다. 흔히 말하듯이, 사람은 소유하는 게 아니라 관계를 맺는 것이라고 한다. 인간관계는 상호활동이며, 어느 한쪽의 일방적인 관계는 지속되기가 쉽지 않다. 내 힘으로 모든 것을 통제할 수 없다는 사실을 인정해야 한다.

집착은 나의 행복을 위해 욕심을 채우기 위한 이기적인 행동에서 비롯된다. 집착이 강할수록 고통의 강도도 더 커진다. 사람도, 우리가 소유하는 것들도 지나치게 집착하지 않도록 주의해야 한다. 균형 있는 적절한 거리는 함께 있는 행복을 늘려준다.

1월 28일

현재에 살라

현인이 말했다.

늙은 왕이 죽자마자 외아들이 왕위를 계승했다. 자신의 무지를 알고 있던 신왕은 왕국에서 가장 뛰어난 학자들을 불러 세계 도처를 여행하며 당대에 널리 알려진 모든 학문과 지혜를 수집하라고 명령했다. 학자들은 16년 후에야 가까스로 각국의 언어로 기록한 방대한 분량의 책을 싣고 돌아왔다. (…) 학자들에게 자신을 대신해 책을 빠짐없이 읽고 본질을 추려 각각의 학문마다 한 권의 책으로 편집하라고 명령했다.

다시 16년이 흘러서야 학자들은 왕을 위한 모든 학문과 지혜를 간추린 문집을 편찬했다. 어느새 늙은 왕은 그 문집마저도 읽거나 정리할 시간이 없다고 생각했다. 왕은 다시 각각의 학문마다 짧은 문서에 본질을 작성하라고 명령했다. (…) 다시 8년이 흘렀다. 늙고 지친 왕은 서둘러 문서를 하나의 문장으로 만들어달라고 요구했다. 이 일을 마치기까지 다시 4년이 흘렀다. 마침내 세상의 모든 지혜와 학문을 간추려 하나의 문장으로 완성된 한 권의 책이 탄생했다. 책을 가져온 신하에게 늙은 왕은 죽어가면서 가까스로 말했다.

"모든 지식과 지혜를 요약한 하나의 문장을 내게 보이라."

신하가 대답했다.

"왕이시여, 세상의 모든 지혜는 두 마디로 이루어진 하나의 짧은 문장으로 요약됩니다. 그것은 바로 '현재에 살라'입니다."

– 프레데릭 르누아르, 『오직, 사랑』 중에서

※ 오늘 하루하루는 '새 날, 새 운명'(러시아 속담)의 출발점이다. 유일하게 존재하는 시간은, '지금, 여기' 뿐이다. 인생은 영원한 현재 진행형이다. 현재에 집중하는 삶을 살자.

1월 29일

단 한 점의 그림만 팔았던 반 고흐

그는 생전에 단 한 점의 그림만을 팔았을 뿐이다! 그는 그림이 팔리는 데 개의치 않은 채 자신이 사랑하는 일을 끈기 있고 단호하게 행한 사람이다. 그는 그것이 무엇이든 결연히 해나갔다. 그가 생전에 판 그림이 단 한 점밖에 없었다는 사실을, 그것도 친구가 사주었다는 사실을 아는가? 하지만 그는 결코 그림 그리기를 멈추지 않았다. 그는 계속 나아갔고, 세상을 떠나기 전에 무려 800점이 넘는 그림을 완성했다.

-제이큐 듀시, 『오늘부터 다르게 살기로 했다』 중에서

✱✱ 우리는 성공한 수많은 사람들을 볼 때 그들이 보여주는 화려한 겉모습만 보는 경향이 있다. 하지만, 그들의 성공 뒤에는 결코 순탄한 길만 있었던 건 아니란 걸 알게 된다. 지금의 나와 비슷하거나 혹은 더 나빴던 환경을 딛고 결연히 자신의 길을 걸어온 사람도 있다는 것을 말이다. 그들의 공통점은 바로 '끈기와 용기'가 있었다는 것이다. 즉 포기하지 않고 나아가는 힘이다. 그들은 마지막 남은 1그램의 의지력마저 끌어올렸다. 사랑하는 것이 있다면 집요하게 매달리자! 나의 최종 목표는 지금 쓰는 책을 금년 말까지 완성하는 것이다. 따라서 매일매일 책 쓰는 일에 집요하게 매달릴 것이다.

지금 당장은 사람들에게 이해받지 못하고, 자신이 원하는 곳에 있지 않을지도 모른다. 무엇보다 중요한 건, 환경에 맞서 자신의 신념을 밀고 나가는 자세이다. '멈추지 않는다면 아무리 천천히 가도 문제가 되지 않는다.' 인내심과 끈기의 중요성을 알려주는 이 말을 잊지 말자.

1월 30일

용기

　정확히 말해 용기란 삶이 펼쳐놓은 한계상황에 봉착했을 때, 예전에는 상상할 수도 없었던 행동을 실현시키는 우리의 능력입니다. 용기란 두려움의 부재가 아니라 위험을 무릅쓰고서라도 할 만한 일이 존재한다는 사실을 깨닫는 것이기 때문입니다. 용기는 우리가 한계를 뛰어넘어 상상 가능한 수준 이상으로 나아갈 수 있도록 우리에게 에너지와 감수성, 감정과 희망을 줍니다.

-알렉스 로비라, 『내 인생 최고의 명언』 중에서

✲✲ 이 세상에 두려움이 없는 사람은 없다. 우리는 무언가를 하려고 할 때 '완벽한 때'를 기다린다. 맞닥뜨릴 위험이 두렵기 때문이다. 하지만 위험은 자신이 모르는 데에서 비롯되는 경우가 많다. 위험을 사전적 정의대로 '해로움이나 손실이 생길 우려가 있거나 또는 그런 상태(네이버 사전)'로 받아들인다면 우리는 위험의 두려움에 얼어붙게 될 것이다. 그런 두려움들을 극복하려면 그것을 직접 알아내는 용기가 필요하다. 누군가의 말대로, 늪에서 수영을 해보는 수밖에 없다. 너무나 어려워 보이는 일들도 막상 부딪히다 보면 의외로 쉽게 풀리는 경우를 많이 볼 수 있다. 사람마다 다르겠지만 보통 아무것도 하고 있지 않거나, 회피할 때 두려움과 불안은 더 발생한다.

현재 지금의 여건만으로도 선뜻 나아갈 수 있는 용기가 필요하다. 설령 해내지 못한다고 할지라도 힘들었던 그 과정을 통해 무엇인가를 배울 수 있고, 좀 더 중요한 삶의 힌트를 얻을 수도 있기 때문이다. 한계상황에 부딪혔기 때문에 못하는 것이 아니라, 감히 시도하지 못하기 때문에 어려운 것이다. 내 안에 묻어둔 나의 추진력을 끌어올려 두려움과 맞서 싸우는 것이 용기이다. 라틴 속담인 '운명은 용감한 사람 편이다.'라는 말을 써 본다.

1월 31일

행운

행운을 만든다는 것은 기회에 대비하여 미리 준비를 해둔다는 것. 하지만 기회를 얻으려면 운이나 우연은 필요하지 않다. 기회는 언제나 그 자리에 있는 것이니까.
행운을 만든다는 것은 자신이 직접 조건을 만든다는 것이다.

-알렉스 로비라 · 페르난도 트리아스 데 베스, 『준비된 행운』 중에서

✳✳ 많은 사람들이 행운을 기대하며 살아간다. '행운'은 '운'과 다르다고 말한다. 운은, 불러올 수도 없고 막을 수도 없고, 확실하게 찾아오는 것도 아니고 설사 찾아온다고 해도 쉽게 떠나버린다. 반면 행운은, 스스로 만들어 낼 수 있으며 영원히 곁을 떠나지 않을뿐더러 누구나 직접 손에 넣을 수 있다는 것이다.

대부분 사람들은 어쩌면 운을 기대하고 있다는 말이 더 옳을지도 모른다. 흔히 말하듯이, 이 세상에 공짜는 없다. 행운도 마찬가지다. 행운은 언제든지 손이 닿을 수 있는 장소에 뿌려지고 있다. 누구한테나 공평하게. 하지만, 모두가 행운을 움켜쥐는 것은 아니다. 행운을 잡으려면 "직접" 찾아나서 정성스럽게 "미리 준비"를 해야 한다. 익숙한 터전을 떠나, 척박한 땅에 잔 나뭇가지와 풀을 제거하고, 흙을 고르게 펴고, 돌멩이를 치우고, 거름을 주고, 씨앗을 뿌려 놓아야 한다. 마치 새로운 땅을 일구는 것처럼. 달콤한 유혹도 떨쳐 버리고, 끝까지 자신의 신념을 믿고 심은 씨앗을 관리해야 한다. 그런 후에라야 원하는 수확을 거둘 수 있다. 어느 책에서 본 이 말을 들려주고 싶다.

"행운은, 자신의 손을 이용해야만 움켜쥘 수 있는 거야."

2월 February

365 혼자서 함께 하는 여행

- 1일   30일 도전
- 2일   자신을 왕처럼 소중하게 생각하라
- 3일   내일은 없다
- 4일   진실한 관계
- 5일   생각의 힘
- 6일   정원 가꾸기
- 7일   단순하라
- 8일   선택
- 9일   내가 배운 것
- 10일   블루오션
- 11일   성공 습관
- 12일   감정은 선택이다
- 13일   진정한 행복
- 14일   꿈꾸기를 멈추는 순간, 나이가 든다
- 15일   대가 지불의 법칙
- 16일   요청의 힘
- 17일   과정을 칭찬하라
- 18일   배움을 멈추지 말라
- 19일   후회 없는 삶
- 20일   기도의 원리
- 21일   도전을 위한 용기
- 22일   준 종교적 의식
- 23일   좋은 성품을 형성하는 7가지 요소
- 24일   시도
- 25일   벼룩의 자기제한
- 26일   가장 빛나던 시절
- 27일   사랑해, 고마워
- 28일   파레토의 법칙

2월 1일

30일 도전

    몇 년 전에 저는 제가 일상에만 갇혀 있다는 생각이 들었습니다. 그래서 위대한 미국 철학자 모건 스펄록의 전례를 따라(30일 동안 맥도날드 햄버거만 먹는 영화를 찍었던 미국 영화감독) 30일 동안 새로운 것에 도전하기로 했죠. 방법은 사실 간단합니다. 여러분들이 항상 해보고 싶었던 일을 생각한 뒤, 앞으로 30일 동안 그 일에 도전하는 겁니다. 제가 해보니 30일 이란 기간은 새로운 습관을 들이거나, 혹은 뉴스시청 같은 예전의 습관을 버리기에 적당한 시간이더군요. 제가 30일 동안 도전하면서 배운 점이 있습니다. 첫 번째는, 그 한 달을 그냥 흘려보내는 대신 그 시간이 더 기억에 남게 되었다는 것입니다. (…) 또한 제가 더 많고 어려운 도전들을 실행하면서 자신감이 늘었다는 것을 깨달았습니다. (…) 제가 또 깨달은 점은 당신이 무엇인가를 정말 간절히 원한다면 30일 동안 어떤 것이든 할 수 있다는 겁니다. (…) 마지막으로 제가 말하고 싶은 것은, 작지만 지속가능한 변화들을 만들었을 때 오랫동안 계속 할 수 있다는 걸 배웠습니다.

                －매트 커츠(Matt Cutts, 미국 컴퓨터 과학자), <TED 강연> 중에서

✲✲ 단조로운 일상의 반복은 틀에 박힌 사고에 갇히게 한다. 가끔은 새로운 일과 현상에 관심을 가져야 하는 이유다. M. 토케이어의 『영원히 살 것처럼 배우고 내일 죽을 것처럼 살아라』라는 책에서 알버트 아인슈타인 박사는 "사람은 항상 새로운 사실을 생각하지 않으면 로보트와 같이 되어버린다."라고 말하며 부질없이 습성에 따라 움직이게 되는 것을 경고했다.

우리가 원하든 원치 않든 30일이란 시간은 흘러간다. 평소에 하고 싶었던 일, 미루어 놓았던 일, 내 삶에 추가하고 싶었던 것들이 무엇인지 생각해 보라. 그리고 30일 동안 도전해 보자.

2월 2일

자신을 왕처럼 소중하게 생각하라

    자신을 가치 있는 사람, 칭찬과 존경을 받기에 충분한 인간이라고 생각하라.
    흔들리는 자신을 어떻게 해서든지 지탱하고 싶을 때는 어떻게 하는 것이 좋을까? 되고 싶은 사람의 인물상을 마음에 새긴다. 자신감에 넘치고, 결단력 있고, 유능하며, 침착한 사람이 되도록 확신하고 노력하라. 그리하여 두려워하는 '불안의 장벽'을 돌파하라.

— 우에니시 아키라, 『간절히 원하면 이루어진다』 중에서

✼✼ 살아가면서 누구나 열등감이나, 핸디캡, 콤플렉스에 대한 고민을 가지고 있다. 특히 다른 사람과 비교할 때, 상대적으로 자신에 대한 부정적인 감정은 더 커질 수 있다. 이런 감정을 어떻게 관리하느냐에 따라서 삶의 환경은 달라질 수 있다. 먼저 감정의 원인을 제공한 것도 자신이고, 그 감정을 바꿀 수 있는 것도 자신뿐임을 인식해야 한다.

'사람들이 나를 어떻게 보는가'에 대한 생각보다 '내가 나를 어떻게 보는가'에 대한 생각이 더 중요하다. 그래야 부정적인 자아상을 극복할 수 있고 자신의 콤플렉스를 없앨 수 있다. 『행복한 이기주의자』의 저자인 웨인 다이어는 "나의 가치는 다른 사람에 의해 검증될 수 없다. 내가 소중한 이유는 내가 그렇다고 믿기 때문이다. 다른 사람으로부터 나의 가치를 구하려 든다면 그것은 다른 사람의 가치가 될 뿐이다."라고 말했다.

타인으로의 시선을 '나'에게로 돌려야 한다. 긍정적인 자세를 통해 불안감을 떨쳐내고, 생각을 전환하고, 소중한 나 자신을 지켜나가야 한다.

2월 3일

내일은 없다

내겐 내일이 없다.
나는 발레를 시작한 후 지난 30년 이상을 시한부 인생으로
살아왔다.
내게 내일은 없다는 생각으로 오늘을 맞이했고,
절실하게 맞이한 오늘을 100% 살아 냈다.
그 하루가 모여 지금의 내가 되었다.

-강수진,『나는 내일을 기다리지 않는다』중에서

✲✲ 성공하는 사람들은 저마다의 이유가 있다. 그저 주어진 하루를 살아가는 삶이 아니라, 다르게 하루를 살아낸다는 것. 그들은 어제보다 나은 오늘, 어제와는 다른 오늘을 꿈꾸며 매 순간 온 힘을 다한다. 끊임없는 연습을 통해 매일매일 자신의 한계를 높이며 성장을 거듭한다. 자신이 선택한 삶과 오늘에 몰입하며 살아내는 것이다.

누구나 꿈꾸는 특별한 삶을 살고 싶다면, 평범한 일상을 특별한 삶으로 살아내면 된다. 세계의 중심에 섰던 저자의 말처럼, 먼 곳에 있는 물은 가까이 있는 불을 끄지 못한다. 언제나 지금 이 순간에 집중해야 하는 이유다. 지나간 과거가 아무리 소중하더라도, 앞으로 펼쳐질 내일이 화려한 장밋빛으로 그려질지라도, 내가 지금 있어야 할 곳은 바로 이 순간이다. 오늘, 이 순간의 삶이다!

2월 4일

진실한 관계

　진실한 관계는 인생에 방해가 되지 않는다. 그것은 삶의 접착제이며, 삶을 지탱하는 중심점이다. 진실한 관계는 상대방의 모든 것을 받아들이려 하면서도 자신은 상대방에게 가장 좋은 것을 주려고 하는 것이다. 진실한 관계는 눈살을 찌푸리지 않고 들어주며, 응원하고, 함께 한다. 또한 장점을 키워 주고, 억압하지 않고 자유롭게 해 준다. 그리고 상대방은 자신을 위해서가 아니라 나를 위해 나를 사랑한다. 그가 원하는 방식이 아니라 내가 원하는 방식으로 나를 사랑한다. 진실한 관계는 내 영혼과 마주하는 관계다.

— 조앤 치티스터, 『모든 일에는 때가 있다』 중에서

✽✽ 진실한 관계는 삶에 희망과 용기를 준다. 진실한 관계는 동등한 만남을 필요로 한다. 어느 한쪽의 메아리도 아니고, 소리를 죽인 채 각자의 참모습을 억누르는 관계도 아니다. 진실한 관계는 서로의 존재를 인정하고 동등하게 여기며, 역량을 발휘할 수 있는 경험을 넓혀갈 수 있도록 배려해 준다. 스스로를 가치 있고 당당하다고 느끼게 만든다.

진실한 관계로 이어가려면 독립적인 마인드가 있어야 한다. 독립적이지 않은 관계는 진실한 관계를 지속하기가 쉽지 않다. 어느 한쪽으로 치우친 관계는 한 사람의 인생만 남는 불안정한 관계로 이어질 수밖에 없다. 일방적인 주고받음의 관계는 한 사람의 헌신을 요구하게 되고, 상대방을 구속하게 될 수도 있기 때문이다. 낮아진 자존심으로 자신의 정체성을 잃어버릴 수도 있다. 진실한 관계는 홀로 선 두 사람이 연결되어 같은 방향을 바라보며, 서로의 모습을 존중하고, 함께 성장해 가는 것이다. 맹자는 "진실한 관계는 두 몸 안의 한 마음"이라고 했다.

2월 5일

생각의 힘

당신의 생각이 당신의 말이 되고
당신의 말이 당신의 행동이 되며,
당신의 행동이 당신의 습관이 되고
당신의 습관이 당신의 품성이 되며,
당신의 품성이 당신의 운명이 된다.

―토머스 J. 빌로드, 『성공명언 1001』 중에서

※ 현재 내 모습은 지금까지 내가 가졌던 '생각'의 반영이라고 한다. 미국의 철학자이자 심리학자인 윌리엄 제임스(William James, 1842~1910년)는 "인간은 생각을 바꿈으로써 인생을 바꿀 수 있다."라고 말했다. 인간이란, '그 사람이 하루 종일 생각하는 사고의 집합체'라고 했다. 즉 평소에 내가 생각해 왔던 '모든 것들의 합'이 나 자신인 것이다. 내가 하는 생각과 말과 행동이 습관으로 굳어지면, 그것이 품성이 되고, 나의 운명을 만든다는 것이다. 내가 원하는 삶, 좀 더 나은 삶을 살고 싶다면, 그곳으로 관점을 돌려야 하는 이유다.

2월 6일

정원 가꾸기

흙에서 자라나는 것 중에는 좋은 것도 있고 나쁜 것도 있다. 별다른 양분 없이 잘 자라는 작물도 있고 양분을 마구 낭비하는 작물도 있으며, 우쭐대며 자기만족에 도취한 식물이 있는가 하면, 다른 식물에 기생하는 것도 있다. 어떤 식물은 삶을 만끽하는 신사처럼 당당하다. 좋은 이웃도 있고 나쁜 이웃도 있으며, 다정한 식물이 있는가 하면 서로 배척하는 식물도 있다.

― 헤르만 헤세, 『정원 가꾸기의 즐거움』 중에서

✱✱ 집중력이 약해지고 눈이 피로해지기 시작하면, 나는 나만의 케렌시아(Querencia) 공간으로 간다. 따사롭고 포근한 햇살이 품은 예쁜 꽃들이 있는 창가 모퉁이로. 글쓰기를 멈추고, 방금 내린 드립커피 한 모금에 초록 생명 하나하나를 사랑스러운 눈으로 살핀다. 지금 이 순간의 행복을 느낀다.

몇 년 전부터 하나, 둘 키우기 시작한 다육식물이 어느새 내 삶에 깊숙이 스며들었다. 식물들의 세계도 인간의 삶과 다르지 않다는 사실을 느끼는 중이다. 싹을 틔우고, 꽃을 피우고 과시하며 살다가, 시들어 가고, 죽는다. 주인의 기대와는 다르게 자라기도 하고, 때로는 실망을 주기도 한다. 분명한 사실은 지속적인 관심과 공을 들인 만큼 돌려주는 화초들이 많다는 사실이다. 해마다 같은 꽃이지만 매번 새 생명의 경이로움을 보여주고(시클라멘), 더 화려하고 풍성해진 꽃송이들이 줄맞춰 피워대고(호접란), 사랑의 힘(코노피튬)과 당당하게 번성해 가는(천손초) 등 초록 잎사귀들이 자신만의 색과 향기로 단조로운 일상에 신비감과 즐거움을 더해준다. 꽃을 피우는 것은 다 아름답다.

2월 7일

단순하라

    우리들의 삶은 자질구레한 일들에 의해 낭비된다.
    정직한 인간이라면 10개의 손가락 이상을 헤아릴 필요가 거의 없다. 특별한 경우에나 10개의 발가락을 보태는 정도이고 그 나머지는 단순하게 처리해 버리면 된다.
    단순, 단순, 단순하라!
    나는 사람들에게 이렇게 권한다.
    '여러분의 문제는 100개나 1,000개가 아닌 2~3개 정도만 남겨 놓으세요. 백만 개 대신 다섯 개를 헤아리고 그 계산은 엄지손가락 손톱 위에다 하십시오.'   - 소로

    -톨스토이 외,『행복은 돈이 들지 않는다』중에서

※※ 결과적으로 우리가 얻고자 했던 것이 단순함에 있다는 사실을 발견할 때가 많다. 그 외의 것들은 다 부차적이었다는 것을. 가장 중요한 핵심적인 2-3개에 집중을 해야 하는 이유다. 햇빛이 불꽃을 일으키려면 한 곳에 초점을 맞추어야 하는 원리와 같다. 시간과 에너지를 목표를 향해 쏟아부을 수 있도록 삶을 단순화시키는 노력이 필요하다.

우리는 모든 것에 완벽할 수는 없다. 때로는 삶에도 가지치기가 필요하다. 인간관계, 동호회 모임, 취미 생활, 친구나 동료, 생각, 습관 등. 내 삶은 함께 시간을 보내는 사람들과 습관들에 큰 영향을 받기 때문이다. 이에 대해 워렌 버핏은 "나는 내가 좋아하지 않거나 존경할 수 없는 사람들과는 어울리지 않습니다. 어떤 사람을 만나느냐는 결혼만큼이나 중대한 문제니까요."라고 했다. 랄프 왈도 에머슨은 "정원사가 나무에 가지치기를 해주어 가장 굵은 한두 개의 가지만 올라갈 수 있도록 해주는 것처럼, 잡다한 일을 잘라내고 한 가지 혹은 몇 가지 중요한 일에 모든 힘을 집중해야 한다."라고 충고했다.

2월 8일

선택

개미는 본래 날개를 가지고 태어났고, 그것을 능히 사용할 수가 있다. 개미는 또한 자신이 그 날개를 이용해 날아다닐 수 있다는 기쁨과 영광도 알고 있다. 그런데도 개미들은 스스로 날기를 포기하고 기어다니는 곤충으로서의 삶을 선택했다.

신이 하늘을 무한하게 날아다닐 수 있는 자유라는 영광을 주었지만 그들 스스로 비천한 곤충으로서의 삶을 선택한 것이다.

-톨스토이 외, 『행복은 돈이 들지 않는다』 중에서

✯✯ 인생에 정해진 해답은 없다. 순간순간마다 내 앞에 다양한 선택지가 있을 뿐이다. 무엇을 고르느냐에 따라 결과는 달라진다. 지금 내 모습은 모든 순간 내가 선택한 결과의 집합체이다. 영국의 아동문학 작가인 조앤 롤링은 "우리가 가진 능력보다 진정한 우리를 훨씬 잘 보여주는 것은 우리의 선택이다."라고 말했다. 선택이 곧 능력인 것이다.

누구나 자기 자신 속에 '훌륭한 도구'를 지니고 있다고 한다. 그것을 고마운 날개로 활용할지, 거추장스러운 짐으로 남겨둘지는 자신의 선택에 달려 있다. 선택에는 고통과 책임이 따른다. 반드시 넘어야 할 방해물도 있다. 선택의 결과가 언제나 만족을 가져다주는 것은 아닐 것이다. 하지만 그 과정에서 얻은 경험은 결과 이상의 소중한 가치를 줄 수 있다. 예상치 못했던 놀라운 생각이 싱크로니시티(synchronicity)처럼 담겨 있을 수도 있다. 더 의미 있는 선택을 해야 하는 이유다.

2월 9일

내가 배운 것

나는 실험에 의하여 적어도 다음과 같은 것을 배웠다. 즉 사람이 자기 꿈의 방향으로 자신 있게 나아가며, 자기가 그리던 바의 생활을 하려고 노력한다면 그는 보통 때는 생각지도 못한 성공을 맞게 되리라는 것을 말이다. 그때 그는 과거를 뒤로하고 눈에 보이지 않는 경계선을 넘을 것이다. 새롭고 보편적이며 보다 자유로운 법칙이 그의 주변과 내부에 확립되기 시작할 것이다.

－헨리 데이비드 소로, 『월든』 중에서

✽✽ 헨리 데이비드 소로는 월든 호숫가 숲에서 혼자만의 삶을 살고 있는 이유에 대해서 이렇게 설명했다.

"내가 숲으로 들어간 것은 인생을 의도적으로 살아보기 위해서였으며, 인생의 본질적인 사실들만을 직면해보려는 것이었으며, 인생이 가르치는 바를 내가 배울 수 있는지 알아보고자 했던 것이며, 그리하여 마침내 죽음을 맞이했을 때 내가 헛된 삶을 살았구나 하고 깨닫는 일이 없도록 하기 위해서였다."

저마다 원하는 삶의 방향은 다 다르다. 많은 사람들이 걸어가는 길이 반드시 나도 가야 하는 길은 아니다. '중요한 것은 우리가 있는 곳이 아니라 우리가 가고 있는 곳이다.'라는 말이 있다. 나를 발전시키는 것은 지금 하고 있는 일이 아니라, 내가 '노력'을 쌓고 있는 '그것'임을 잊지 말자. 그것이 나의 꿈의 방향이다.

2월 10일

블루오션

영원한 블루오션이란 없다. 삽시간에 경쟁자들이 나타나기 때문이다. 그러므로 자신이 선택한 분야에서 최고가 되어야 한다. 일단 자신이 하고자 하는 일이 블루오션이라고 판단되었다면 적어도 그 분야의 전문가가 되어야 경쟁이 치열해도 살아남을 수 있다. 충분한 능력이 갖춰진 사람은 스스로 블루오션을 창조해 낼 수 있기 때문이다.

-강상구, 『1년만 미쳐라』 중에서

✲✲ 블루오션이란 '현재 존재하지 않거나 알려져 있지 않아 경쟁자가 없는 유망한 시장'을 가리킨다. 기업뿐만 아니라 개인에게도 성공하기 위해서는 남들이 가지 않는 길을 선택할 수 있는 용기가 필요함을 일깨워 준다. 내게 익숙하고 편한 길은 다른 사람들도 선호하는 길일 것이다. 특별한 어려움이나 포기를 요구하지도 않는다. 그 길 끝에 무엇이 기다리고 있는지도 모른 채, 남들이 좋아하는 것을 좇아가다 보면 어느 순간 불안감을 느낄 수도 있다. 내가 원했던 것이 아닌, 나보다 먼저 간 사람들이 알려 주는 것만 볼 수 있기 때문이다.

누구에게나 블루오션이 존재할 것이다. 자신만의 경쟁력을 발견하기 위해 더 많은 관심을 가져야 한다. 자신이 좋아하는 것, 잘하는 것, 지금 하고 있는 일, 취미 등에서 자신만의 경쟁력을 찾을 수 있을 것이다. 그리고 최고가 되기 위해서는 노력과 실천이 뒤따라야만 한다.

성경에 이런 말이 나온다. '좁은 문으로 들어가라. 멸망으로 인도하는 문은 크고 그 길이 넓어 그리로 들어가는 자가 많고, 생명으로 인도하는 문은 좁고 길이 협착(狹窄)하여 찾는 이가 적음이니라.' 지금 당장 좋아 보이는 생각도 몇 년 후에는 옳지 않은 선택으로 바뀔 수 있다. 타인의 의견과 상식에 휘둘리지 말고 보다 나은 삶을 위해 좁은 문을 노크 할 수 있는 용기가 필요하다.

2월 11일

성공 습관

과거에 나는 모든 사람들의 성공을 보장해주고 싶었습니다. 하지만 어느 순간, 그것은 자기 자신만이 보장할 수 있다는 것을 깨달았죠. 여러분이 매일, 매주, 매월, 매년 하는 습관이 그것을 보장합니다. (…) 특히 '말'은 정말로 잘 관리해야 할 중요한 습관입니다. '말'은 여러분 안에 있는 것을 바깥으로 드러내는 힘이 되기 때문입니다.

-덱스터 예거 외, 『끝없는 추구』 중에서

✲✲ 남다른 성공을 하는 사람은 뭔가 다른 성공습관을 가지고 있다. 가치 있는 일은 결코 하루아침에 이루어지지 않는다. 좋은 습관 또한 그렇다. 누구나 본인도 잘 알지 못하는 안 좋은 습관을 지니고 있을 수 있다. 어느 순간 누군가 그것을 얘기해주면 곰곰이 생각해 봐야 한다. 그 습관으로 나의 이미지, 내가 하고 있는 일이 부정적으로 비쳐질 수도 있기 때문이다. 나에게도 그런 습관이 있었다. 지금까지 한 번도 그것을 지적해 준 사람이 없었는데, 어느 날 지인이 툭 던지는 말에 충격을 받았다. 그 순간 이후 나의 습관은 말끔히 고쳐졌다.

하루의 시작을 긍정적인 말로 열어보자. 꿈과 목표, 삶의 지침이 되는 문구 등 어느 것이라도 좋다. 나의 경우 '나는 건강하고 부유하고 현명하다. 돈이 내게 흘러들어오고 있어. 나는 모든 면에서 날마다 점점 더 나아지고 있다. 감사합니다. 사랑합니다.'라고 말하며 하루를 시작한다. 짐 론은 "동기가 시동을 걸어준다면 습관은 계속 가게 해준다."라고 말했다.

2월 12일

감정은 선택이다

감정은 단지 자연적으로 발생하는 정서가 아니다. 감정은 선택 의지가 들어가 있는 반응이다. 스스로의 감정을 통제할 수 있으면 제 무덤을 스스로 파는 부정적인 감정들을 택하지 않게 된다. 일단 감정이 마음가짐에 달려 있다는 사실을 깨닫는다면 '똑똑함'의 길로 성큼 들어서는 셈이다.

— 웨인 다이어, 『행복한 이기주의자』 중에서

✻ 우리는 자신이 원하는 것은 무엇이든 떠올릴 수 있다. 내가 떠올리는 것들은 그 누구도 통제할 수 없다. 오직 나만이 통제할 수 있다. 불행한 생각을 하든 행복해지는 생각을 하든. 감정은 생각에 대한 반응이다. 어떤 일에 대해 자신이 품고 있던 생각에서 감정은 비롯된다. 나는 내가 생각하는 대로 느낄 수 있으며, 불리한 상황에서조차 유리한 방향으로 살릴 수도 있다. 삶의 모든 순간마다 선택해야 할 감정의 문항지가 놓인다.

모든 감정의 선택에 대한 책임은 자신의 몫이다. 캄캄한 밤길에 돌부리에 부딪혔을 때 '너 때문에' 넘어졌다고 화난 감정으로 가만히 있는 돌을 탓하는 것도, 병들고 벌레 먹은 나뭇잎이 뒹구는 것을 보고 계절의 감성을 살려내는 나뭇잎에 불행한 감정을 가지는 것도 다 자신의 감정일 뿐이다. "여러분의 정신은 평소 어떤 생각을 하느냐로 결정된다. 영혼은 생각의 색으로 물들기 때문이다."라고 마르쿠스 아우렐리우스는 말했다.

2월 13일

진정한 행복

　역사학자 윌 듀런트(Will Durant)는 지식 속에서 행복을 찾는 방법을 설명했지만 결국에 얻은 것은 환멸뿐이었다. 그는 다시 여행에서 행복을 구했지만 지루함만 남았다. 부를 얻었지만 불화와 걱정이 생길 뿐이었다. 저술에서 행복을 찾았지만 피로만 쌓일 따름이었다.

　어느 날 그는 잠들어 있는 갓난아기를 품에 안은 한 여인이 소형차 안에 앉아 누군가를 기다리고 있는 모습을 보았다. 얼마 후 한 남자가 기차에서 내려 그들에게 다가갔다. 그는 먼저 여인에게 입맞추고 난 다음, 아기에게도 혹시라도 잠이 깨지 않도록 살짝 입을 맞췄다. 가족이 차를 타고 떠나자, 듀런트는 진정한 행복의 본질이 무엇인가를 벼락같이 깨달았다. 그는 '일상 속의 순간순간이 행복을 품고 있다.'는 사실을 깨닫고 마음이 편안해졌다.

-웨인 다이어, 『행복한 이기주의자』 중에서

✯✯ 사람들은 저마다의 생각과 표정으로 자신의 일상을 그려낸다. 누군가의 사소한 일상이 누군가에게는 최고의 깨달음의 순간이 될 수 있다. 고요하고 단순한 일상 속의 순간순간이 행복을 품고 있다. 결국 진정한 행복을 가져다주는 것은 큰 성취를 이루어 내는 성취감만이 아니라 일상의 순간이라는 것을 깨닫게 되는 경우가 많다.

일상 속에 답이 있다. 창의적인 아이디어와 풍부한 삶의 지혜가 그곳에 있다. 늘 반복되는 지루함의 연속이지만 새로운 목표, 새로운 시각을 가진 사람에게는 언제나 새로운 기회이다. 현재 나의 일상의 모습들이 나의 미래를 보여준다. 베스트셀러 작가인 마이크 머독은 "당신 미래의 비밀은 당신의 하루하루 판에 박힌 일상에 숨겨져 있다."라고 말했다.

현재의 한순간 한순간을 최대한 알차게 살라.

2월 14일

꿈꾸기를 멈추는 순간, 나이가 든다

만약 여러분이 꿈꾸기를 멈추고 더 이상 원하는 것 없이 편안함을 느낀다면, 더 이상 자라지 않는다는 뜻입니다. 사람이 나이가 들어 꿈꾸기를 멈추는 것이 아닙니다. 꿈꾸기를 멈추는 순간부터 나이가 드는 것입니다. 그러니 꿈에 투자하십시오. (…)

'인생의 비극은 목표를 달성하지 못하는데 있는 것이 아니라 달성할 목표가 없는데 있다.' - 벤자민 메이즈

– 덱스터 예거 외, 『끝없는 추구』 중에서

❋❋ 안전하고 익숙한 공간은 편안함을 준다. 늘 정형화된 패턴에 따라 살아간다. 새로운 일이 일어나지 않으므로 위험을 무릅쓰지 않아도 된다. 도전할 목표가 없으므로 특별한 기회를 만나는 일도 거의 발생하지 않는다. 안정된 틀에 새로움을 들인다는 건 쉬운 결정이 아니다. 보다 풍요로운 삶을 위해서는 꿈꾸기를 계속 해야 한다. 목표를 세우면 더 많이 움직이게 되고, 더 넓은 시야로 확장이 된다. 목표 없이 살면 사는 대로 맞추며 살게 된다.

『클레멘트 스톤처럼 성공하기』의 저자 클레멘트 스톤은 "멈춘다는 것은 곧 실패를 의미한다. 그렇기 때문에 출발하지도 않고 나아가지도 않는 많은 사람들이 실패한다."라고 말했다. 꿈꾸는데 나이는 큰 장애물 같아 보이지 않는다. 당시 90세였던 어느 가수는 "나는 아직도 내가 발전할 수 있다고 말한다."라고 하며, 재즈 피아노를 배우기 시작했다고 한다. 우리는 자신이 무엇을 원하고 있는지 이미 알고 있다. 웨인 다이어는 꿈을 향해 나아가라고 상기시켜준다. "자신이 되고 싶은 대로 행동할수록, 당신의 꿈을 현실로 바꿔줄 잠재적 힘이 활성화될 것이다."

2월 15일

대가 지불의 법칙

벌레를 싫어하는 사람은 창문을 꽉 닫습니다. 그런데 창문을 닫으면 벌레는 들어오지 않지만 상쾌한 바람도 들어오지 않습니다. 상쾌한 바람을 쐬기 위해서는 창문을 열고, 벌레가 들어오는 것도 각오해야만 합니다. 이 벌레가 무엇인가 하면 바로 "좋아하는 일만 하다니!"라는 비판이나 비난입니다.

― 고코로야 진노스케, 『좋아하는 일만 하며 사는 법』 중에서

✱✱ 세상에 저절로 이루어지는 것은 아무것도 없다. 길가에 핀 작은 들꽃도 거센 추위와 바람, 뜨거운 햇볕과 시련을 겪고 난 후에야 아름다운 꽃을 피운다. 우리가 성공자라 부르는 사람들도 남모르는 노력과 고통을 이겨내며 정상의 무대에 선 것이다.

좋아하는 일을 하기 위해서는 미움받을 용기가 필요하다. 대가를 치를 각오와 불편을 감수해야 한다. 안정된 생활, 모아 놓은 돈, 사회에서 쌓아 올린 지위 등을 내려놓아야 할 수도 있다. 세상이 던지는 비판이나 비난, 거절, 시샘의 눈길도 마주해야 한다.

중요한 건, 남들이 바라보는 시선에 지나치게 의식할 필요가 없다는 것이다. 어느 순간 그것들은 나의 발전에 밑거름이 되고 감사해야 할 고마움이 될 수도 있기 때문이다. 대가 지불 없이 이룰 수 있는 성공이나 행복은 없다. 처음이 쉬우면, 언젠가는 반드시 새로운 부담이 뒤따르게 된다는 것도 사실이다. 모든 것에는 상응하는 대가와 희생이 따른다는 말은 '인생은 균형을 잡아가는 것'이라고 말해주는 것 같다.

2월 16일

요청의 힘

  예수는 직접적인 말씀과 비유를 통해 요청의 중요성을 강조했다. (…) '구하라'는 영어 성경에서 'ask'로 표현된다. '요청하라'는 뜻이다. 요청하는 사람은 누구나 얻을 수 있고, 찾을 수 있으며, 문이 열릴 것이라고 하면서 도움이 필요한 모든 사람이 요청하는 데 주저하지 말 것을 강조하고 있다.

- 김찬배, 『요청의 힘』 중에서

✳✳ 살다 보면 누구나 요청을 하고 싶은 순간이 있다. 요청한다는 것이 쉬운 것만은 아니다. 무엇보다 거절의 두려움이 크기 때문이다. 요청에는 실패의 가능성을 감수할 용기와 겸손, 준비하는 자세가 필요하다. 또한 요청한 사람에게는 희망을 주기도 하지만, 요청을 받은 사람의 삶도 더 나은 방향으로 나아가게 하는 힘이 있다. 내가 필요로 하는 것을 말하기 전에, 스스로 알아서 도움을 주는 사람은 거의 없다. 상대방을 탓하기 전에 먼저 요청을 해보자. 명분 있는 요청은 분명 누군가의 마음을 움직일 것이다.

나는 얼마 전 우리 집 맞은편에 새로 이사 온 주민에게 메모지로 요청을 한 적이 있다. 복도는 공용공간이므로 사적인 물건은 안으로 들여 놓는 게 좋겠다고. 며칠 동안 방치되어 있던 물건들이 그다음 날 깨끗이 정리되어 있었다. "당신이 올바른 사람에게 부탁하기만 하면 당신은 필요한 모든 것을 얻을 수 있다. 부탁하지 않으면 당신은 아무것도 얻을 수 없다." 잭 캔필드·마크 빅터 한센이 쓴 『영혼을 위한 닭고기 수프 2』에 나오는 말이다.

2월 17일

과정을 칭찬하라

"새로운 고래를 처음 훈련시킬 때 조련사들은 범고래가 점프하는 법은 알지만 밧줄 위로 점프하는 것에 대해서는 전혀 모른다는 사실을 알고 시작합니다. 그래서 밧줄을 물 속에 집어넣고 다닐 수 있는 공간을 충분히 만들어 놓죠. 그리고 범고래가 밧줄 아래쪽으로 헤엄쳐 다닐 때는 아무런 관심을 보이지 않다가 밧줄 위를 헤엄치게 되면 주의를 기울이면서 먹이를 줍니다."

— 켄 블랜차드 외, 『칭찬은 고래도 춤추게 한다』 중에서

✻✻ 무게 3톤이 넘는 범고래가 관중들 앞에서 멋진 쇼를 펼쳐 보일 수 있는 것은 고래에 대한 조련사의 긍정적 태도와 칭찬이 있기 때문이다. 누구나 칭찬을 듣고 싶어 한다. '사람들에게 그들 최고의 가능성을 계발하게 하는 방법은 격려와 칭찬'이라고 데일 카네기는 『카네기 인간관계론』에서 말했다. 진심에서 우러나오는 칭찬은 상대방에게 자신감과 삶에 자양분을 준다. 두고두고 간직하고 아끼며, 희망을 준 사람을 떠올릴 수도 있다.

모든 일이 그렇듯이, 결과에 몰두한다는 것은 당면한 목표를 주지만, 목표 달성 후에는 허탈한 기분이 들 수 있다. 이루어 가는 과정을 칭찬하고 보상해 준다면 결과와 관계없이 더 많은 의미를 찾을 수 있을 것이다. "성공은 목적지가 아니라 과정이다. 그리고 진정한 보상 역시 그 과정에 있습니다." 덱스터 예거는 그의 저서 『끝없는 추구』에서 말했다.

2월 18일

배움을 멈추지 말라

날마다 한 가지씩 새로운 것을 배우면 99%의 경쟁자를 물리칠 수 있다. 주는 것을 그만두는 날이 받는 것도 끝나는 날이며, 배우기를 그만두는 날이 성장도 끝나는 날이다. 변화를 이끌면 리더가 되고 변화를 받아들이면 생존자가 되지만, 변화를 거부하면 죽음을 맞이하게 될 뿐이다. 우리 내면의 가장 훌륭한 면모를 지속적으로 훈련시키고 교육하는 삶, 그것이야말로 가장 행복한 삶이다.

―토머스 J. 빌로드, 『성공명언 1001』 중에서

✶✶ 수도꼭지에서 한 방울씩 물을 떨어뜨리면 어느 순간 넘치는 물을 얻을 수 있다. 지속하는 것에는 힘이 깃들어 있다. 꾸준한 배움은 성장과 변화를 가져다준다. 결국 살아남는 건 '가장 강한 종도 아니고, 지능이 가장 뛰어난 종도 아니고, 변화에 가장 잘 적응한 종'이라는 찰스 다윈의 말을 떠올리게 한다.

프레데릭 르누와르는 『오직, 사랑』이라는 책에서 '인생은 배움의 여정'이라고 했다. 날마다 일상생활에 가치를 부여하는 새로움을 더한다면 더 많은 기회를 얻을 수 있을 것이다. 평범하게 바라보았던 것들이 그동안과는 다른 낯설게 다가올 수도 있다. 늘 해왔던 것만 계속한다면 늘 그대로일 것이다. 현재 모습을 고수하면서 원하는 목표에 도달할 수는 없기 때문이다.

2월 19일

후회 없는 삶

살아가면서 너무 늦거나 너무 이른 건 없다. 넌 뭐든지 될 수 있어.
꿈을 이루는데 시간제한은 없단다. 지금처럼 살아도 되고 새 삶을 시작해도 돼.
최선과 최악의 선택 중 최선의 선택을 내리길 바라마.
네가 새로운 걸 보고 새로운 걸 느꼈으면 좋겠다.
너와는 생각이 다른 사람들을 만나며, 후회 없는 삶을 살면 좋겠구나.
조금이라도 후회가 생긴다면 용기를 내서… 다시 시작하렴.

 -영화 <벤자민 버튼의 시간은 거꾸로 흐른다> 중에서
 * 원작: F. 스콧 피츠제럴드,『벤자민 버튼의 기이한 사건
   The Curious Case of Benjamin Button』

✽✽ 영화 속 대사처럼, 많은 사람들이 어떤 대상을 잃고서야 그것의 소중함을 깨닫게 된다. 마찬가지로 삶의 종착역에 도달할 때, 우리는 앞에 놓이는 길보다 뒤에 남겨지는 삶의 자취가 얼마나 중요한가를 깨닫게 된다. 살아가면서 언제나 후회 없는 선택만 할 수는 없다. 누구에게나 결코 떠올리고 싶지 않은, 애써 감추고 싶은 과거, 해보지 못한 것들에 대한 후회가 있다.

사람들은 모두 같은 하늘 아래 같은 삶을 살고 있는 것 같지만, 바라보고 있는 방향은 저마다 다르다. 삶은 생각이 다른 사람들과 무수히 많은 상호작용의 연속으로 살아가는 것이다. 살아가는데 특별히 정해진 규칙이란 없다. 에릭 엠마뉴엘 슈미트가 쓴 『오스카와 장미할머니』에서 백혈병에 걸린 오스카가 그의 곁을 지키는 장미 할머니에게 묻는다. "삶에는 해답이 없다는 건가요?" "삶에는 여러 가지 해답이 있다는 거지. 그러니까 정해진 해답이 없는 거야." 우리가 해야 할 일은 후회 없는 삶을 위해 조금 더 노력하는 것뿐이다.

2월 20일

기도의 원리

아직 시도하지 않았다면 이 기도를 해보라고 권하고 싶다. 당신의 인생에서 일어나기를 바라는 것을 생각하라. 무엇이든 좋다. 자기 자신이나 다른 사람의 병을 치유하는 것일 수도 있고, 가족이 성공하는 것일 수도 있고, 인생의 동반자를 찾는 것일 수도 있다. 무엇이 되었든 그것이 이루어지기를 바라지 말고 이미 일어난 것처럼 느껴야 한다. 심호흡을 하면서 기도가 이루어졌을 때의 그 충만감을 구체적으로, 모든 면에서, 느껴라.

-그렉 브레이든, 『절대 기도의 비밀』 중에서

※ 기도하는 비법을 알려준다. 어떤 일이 일어나게 해달라고 간청하게 되면 우리가 소유하지 못한 것에 힘의 주도권 power을 넘겨주는 것이라고 한다. 치유를 요구하는 기도는 질병에게 힘을, 비를 요구하는 기도는 가뭄에게 힘을 넘겨준다는 것이다.

이루어지는 기도는 이미 응답을 받은 것과 같은 '느낌과 감정'에 흠뻑 젖는 것이라고 한다. 우주는 나의 '느낌과 감정'을 듣고 반응하고 움직인다는 것이다. 평소에 감사하는 마음을 계속 유지해야 한다. '감사하는 마음은 모든 가능성에 경의를 표하고 우리가 선택한 것들을 이 세상으로 불러오게 된다.' 어느 유튜브에서 알려준 기도하기 전에 알아야 할 세 가지를 소개한다.

첫째, 원하는 것이 무엇인지 알아야 한다. 둘째, 기도는 짧고 간결하게 현재 완료형으로 한다. 셋째, 기도 후 힘든 일이 생기더라도 응답받는 중이라고 믿는다.

잠들기 전 그리고 아침에 기상 후에, 잠재의식에게 바라는 것들을 말해 보라. 그리고 기도가 이루어졌음에 감사하자.

2월 21일

도전을 위한 용기

많은 사람들은 시작도 하기 전에 실패한다. 자신들이 원하는 것을 얻기 위해 도전하는 데 실패하기 때문이다. 우리가 어떤 것을 판매하든 간에, 거부당할지도 모른다는 두려움 때문에 우리 대부분은 다른 사람이 기회를 붙잡기 훨씬 전에 스스로 자기 자신과 자신의 꿈을 포기해버린다.

자신이 원하는 걸 얻기 위해 도전하는 데는 용기가 필요하다. 용기란 두려움이 없음을 뜻하는 게 아니다. 두려움이 있음에도 불구하고 도전하는 걸 뜻한다.

―잭 캔필드·마크 빅터 한센, 『영혼을 위한 닭고기 수프 2』 중에서

✳︎ 살다 보면 포기하고 싶은 순간이 있다. 대부분 두려움의 감정은 아무런 행동을 하고 있지 않을 때 더 많이 발생한다. 그 틈새로 불안, 걱정, 불편함 등의 부정적인 생각이 끼어드는 경우가 많기 때문이다. 자신이 원하는 걸 얻기 위해서는 행동할 수 있는 용기가 필요하다. 용기는 삶의 기운을 되찾게 하는 힘을 지니고 있다. 도전을 반복하다 보면 거절 받는 요령 또한 터득하게 된다. 실패할까 두려워 시도조차 하지 않는다면 자신의 꿈과는 멀어질 수밖에 없다. 정말로 두려워해야 하는 것은 실패가 아니라, 시도하지도 않고 기회를 놓치게 되는 것이다.

스페인의 소설가, 『돈키호테』를 쓴 미겔 데 세르반테스는 이런 말을 남겼다.

"부를 잃는 사람은 많은 것을 잃은 것이고, 친구를 잃은 사람은 더 많은 것을 잃은 것이나 용기를 잃은 사람은 모든 것을 잃은 것이다."

2월 22일

준 종교적 의식

대가가 되기를 소망한다면, 일가를 이루길 소망한다면, 훌륭한 인물이 되기를 소망한다면, 당당한 인생을 소망한다면, 도대체 무엇을 해야 하는가?

우선 재능이 있어야 할 것이고, 운도 따라주어야 할 것이고, 노력도 해야 할 것이다. 하지만 그보다 훨씬 더 중요한 것은 자신에게 꼭 맞는 '준 종교적 의식'을 만들고 이를 반복하는 것이다. 이따금 하기 싫더라도 정해진 의식을 충실히 수행해보라.

― 공병호, 『습관은 배신하지 않는다』 중에서

✱✱ 수없이 들어온 말의 중요성을 마음으로 받아들이려면 어떤 특별한 순간이 필요할 것 같다. 습관이 중요하다는 말도 그중의 하나다. 준 종교적 의식은 '습관'을 의식으로 삼고 실천하는 것이다. 습관은 한 인간이 평범함을 넘어 위대함에 다가서는 비결이 될 수 있다고 말한다. 우리 일상은 습관의 반복이다. 날마다 밧줄처럼 한 올 한 올 엮어온 습관을 단번에 끊어내기란 쉬운 게 아니다. 그 때문에 많은 사람들이 원하는 삶을 위한 변화를 바라지만 습관을 변화시키는 것에 부담을 느끼게 되는 것이다.

뉴욕 타임즈 기자인 찰스 두히그는 『습관의 힘』이라는 저서에서 '습관을 바꾸고 싶다면 다른 반복 행동을 찾아내라'고 말한다. 반복은 더 나은 성과 창출로 더 나은 존재로 이끌어 준다. 습관은 삶의 질을 결정한다!

『죄와 벌』을 쓴 러시아 대문호 표도르 도스토옙스키는 "습관이란 인간으로 하여금 그 어떤 일도 할 수 있게 만들어준다." 라는 말로 습관의 중요성을 강조했다.

2월 23일

좋은 성품을 형성하는 7가지 요소

첫째 : 타인에게 관심을 갖는다. 그들의 좋은 점을 찾아내고 칭찬하는 습관을 기른다.

둘째 : 일상 속에서의 대화든, 대중 앞에서의 연설이든, 힘 있고 설득력 있는 목소리로 말하는 습관을 기른다. 조금 큰 목소리로 말하는 것이 좋다.

셋째 : 복장은 자신의 몸과 자신이 하고 있는 업무에 어울리게 입는다.

넷째 : 긍정적인 사고방식을 기른다.

다섯째 : 노련한 악수 기술을 배운다. 상대방으로 하여금 당신의 온기와 열정을 느낄 수 있게 한다.

여섯째 : 남의 매력을 찾으려 하기 전에 내가 먼저 남에게 매력적으로 보이도록 노력한다.

일곱째 : 자신의 유일한 한계는 모두 자기 마음속에서 이미 결정되었다는 점을 기억하라.

– 나폴레온 힐, 『성공의 법칙』 중에서

✱✱ 좋은 성품 또한 저절로 만들어지는 것은 아니다. 몸소 실천하고 자신의 성격을 변화시키고자 하는 굳은 의지가 있어야만 가능한 일이다. 사람마다 더 중요하게 생각하는 항목이 있을 것이다. 개인적으로 넷째와 일곱째 요소가 중요하다고 본다. 밖으로 표현하는 것은 자신의 사고와 마음속에서 이미 결정한 사항들이기 때문이다.

불평불만이 가득한 사람이 아닌, 좋은 느낌을 주는 사람이 되도록 노력하자. 그것만으로도 매력적인 모습을 주기에 충분할 것이다.

"가장 위대한 발견은 인간은 마음가짐을 바꿈으로써 인생을 바꿀 수 있다."라고 미국의 철학자, 심리학자인 윌리엄 제임스는 말했다.

2월 24일

시도

내가 생각하는 것,
내가 말하고 싶어 하는 것,
내가 말하고 있다고 믿는 것,
내가 말하는 것,
그대가 듣고 싶어 하는 것,
그대가 듣고 있다고 믿는 것,
그대가 듣는 것,
그대가 이해하고 싶어 하는 것,
그대가 이해하고 있다고 믿는 것,
그대가 이해하는 것,
내 생각과 그대의 이해 사이에 이렇게 열 가지 가능성이 있기에 우리의 의사소통에는 어려움이 있다. 그렇다 해도 우리는 시도를 해야 한다.

― 베르나르 베르베르, 『상상력 사전』 중에서

✷✷ 사람들은 '마이 웨이' 한다. 미국 작가 하퍼 리의 저서 『앵무새 죽이기』에서 테일러 판사는 '사람들은 원하는 것을 듣고 보게 될 것'이라고 말하는 장면이 나온다. 많은 사람들은 온전히 세상을 바라보고 산다고 말하지만, 실은 자신이 관심 있는 것에만 자신의 필터로 여과시킨 세상을 바라본다. 자신이 보지 못하고 이해할 수 없는 부분에 대해 상대방이 틀렸다고 단정 짓기도 한다.

사람들은 바라보는 관점, 성격, 의사소통 스타일 등이 다르다는 것을 이해해야 한다. 서로의 다름을 인정하고, 존중하는 마음이 필요하다. 삶은 같음으로 유지하는 게 아니고, 다름으로 융합하여 시너지를 창출하고 함께 성장하는 것이다.

2월 25일

벼룩의 자기 제한

벼룩 몇 마리를 빈 어항에 넣는다. 어항의 운두는 벼룩들이 충분히 뛰어넘을 수 있는 높이다. 그다음에는 어항의 아가리를 막기 위해서 유리판을 올려놓는다. 벼룩들은 톡톡 튀어 올라 유리판에 부딪친다. 그러다가 자꾸 부딪쳐서 아프니까 유리판 바로 밑까지만 올라가도록 도약을 조절한다. 한 시간쯤 지나면 단 한 마리의 벼룩도 유리판에 부딪치지 않는다. 모두가 천장에 닿을락 말락 하는 높이까지만 뛰어오르는 것이다.

— 베르나르 베르베르, 『상상력 사전』 중에서

✲✲ 세계 최초의 체계적인 윤리학서인 『니코마코스 윤리학』에서 아리스토텔레스는 이렇게 말했다. "자신이 실제 할 수 있는 것보다 작은 것에 적합하다고 생각하는 사람은 비굴한(포부가 작음) 사람이다. 그 자신의 진가는 대단히 크거나, 중간쯤 되거나, 적은 것 중 어느 것인지 모르는 것인데도 실제로 해보려고 하지 않고 자신을 자신의 진가보다 낮게 평가하는 것은 비굴한 것이다." 비굴은 긍지가 지나친 허세(거만) 보다 더욱 좋지 않다고 했다.

많은 사람들이 자신의 한계를 스스로 규정한다. 자신의 가치를 스스로 낮추어 할 수 있는 일조차 스스로 포기한다. 이런 행동들이 반복되다 보면 어느새 소극적인 사람이 되고, 스스로 열등한 사람이라는 생각으로 믿게 만든다.

인생의 가장 큰 실패는 시도조차 하지 않는 것이라고 했다. 내 안에 숨어 있는 놀라운 능력을 잊지 말자. 마음속에 간직해 온 그 일에 도전해 보자. 내가 직접 해 보기 전까지는 그 누구도 나의 가치를 증명할 수 없다.

2월 26일

가장 빛나던 시절

여행이야말로 돈이 아니라 용기가 결정합니다. 나는 젊을 적에 히피로 살며 여행을 많이 다녔습니다. 그때는 가난해서 돈이라고는 어찌어찌 교통비 정도만 마련할 수 있었지요. 그렇지만 지금도 그때가 내 인생에서 가장 빛나던 시절이라고 생각합니다. 나는 여행을 통해 참으로 많은 것을 배웠습니다.

― 파울로 코엘료, 『내가 빛나는 순간』 중에서

※ '여행은 정신을 다시 젊어지게 하는 샘'(안데르센)이고, '인간은 자신이 필요로 하는 것을 찾아 세상을 여행하고 집에 돌아와서 그것을 발견한다'(조지 무어)라고 했다.

여행은 인생의 축소판이라고 말한다. 여행계획을 세우면서 삶의 계획을 수립하는 법을 배우고, 여행을 하면서 행복과 기쁨의 순간을 느끼고 때로는 예기치 않은 어려움을 만나기도 한다. 그런 다양한 상황들을 경험하면서 삶의 소중함을 깨닫게 된다.

떠나야 할 이유를 선택하는 것은 자신의 몫이다. 아무도 나를 대신해서 걸어주지 않는다. 소설가 마르셀 프루스트는 "여행의 진정한 의미는 새로운 풍광을 보는 것이 아니라 새로운 눈을 가지는 데 있다."라고 말했다. 여행은 삶의 깊이를 변화시킨다. 여행에서 돌아온 사람은 떠나기 전과는 다른 존재가 된다.

떠남의 용기를 갖게 되기를!

2월 27일

사랑해, 고마워

병실 침대에 누운 그가 조심스럽게 묻는다.
"선생님은 무언가를 후회한 적이 있나요?"
"하지요, 후회……." "정말요?" "늘 후회합니다." (…)
"무엇을 가장 후회하시나요?" (…)
누구에게나 '사랑'이라는 단어는 소중한 사람을 떠오르게 하는 말일 것이다. 연인, 남편 혹은 부인, 아이들, 장성한 아들딸, 그리고 절친한 벗……. (…) 당신은 소중한 사람들에게 사랑한다는 말을 건넨 적이 몇 번이나 있는가? 신기하게도 이 말은 가장 익숙하면서도 한편으로는 가장 입 밖으로 내기 어려운 말이다.

― 오츠 슈이치, 『죽을 때 후회하는 스물다섯 가지』 중에서

✻ 누구나 살아가면서 후회한다. 모든 순간이 만족하다고 말할 만큼 완벽한 사람은 없을 것이다. 1,000명의 죽음을 지켜본 호스피스 전문의가 말하는 죽을 때 후회하는 것 중의 첫 번째 후회는, 사랑하는 사람에게 '고맙다'는 말을 많이 하지 않은 것이라고 한다. 소중한 사람들에게 건네는 사랑한다는 말! 가장 말하고 싶고 듣고 싶은 말! 우리는 내 마음을 표현하는 데 특별한 순간을 찾는 경우가 많다. 어쩌면 우리는 마음을 솔직하게 전하는 법을 잘 몰랐을지도 모른다.

'사랑해'라는 표현이 어색한 사람들에게 책에서 추천하는 마법의 언어가 있다. 고마워! 라고 말하는 것이다. 이 말만으로도 상대방에 대한 진심을 전달하기에 충분하다. 행동하는 사람만이 사랑할 수 있고 사랑하는 사람만이 행동할 수 있다. 자유롭게 고마워! 라고 말하자.

2월 28일

파레토의 법칙

'80대 20의 법칙'이라고도 부르는 '파레토의 법칙Pareto Principle'은 '시장경제에서 일어나는 일의 80퍼센트의 결과는 불과 20퍼센트 요인에 의해 결정된다'는 것이다. (…)

대부분의 경우 20퍼센트는 매우 중요하고 나머지 80퍼센트는 그다지 중요하지 않기 때문에, 우선적으로 중요한 20퍼센트에 노력을 기울여야 한다고 주장했다.

－우가야 마사히로, 『세상의 모든 법칙』 중에서

✱✱ 파레토의 법칙은 품질관리, 비즈니스에서뿐만 아니라 우리의 삶에서도 매우 유용하게 사용된다. 평소 입는 옷의 80퍼센트는 가지고 있는 옷 중 20퍼센트에 해당한다든지, 가장 맛있는 맥주와 거품의 비율은 80대 20일 때라든지, 가장 맛있는 메밀국수는 메밀가루 대 밀가루 비율이 80:20일 때라는 것 등. 시간과 에너지는 한정되어 있다. 이 법칙은 업무의 수보다 업무의 중요성을 먼저 고려할 것을 말해준다. 대부분의 사람이 잘 미루는 일들이 있다. 그 일들이 더 가치있고 소중한 20퍼센트에 해당하는 경우가 많다. 평범한 다수의 사람들은 별다른 영향을 미치지 않는 가치 없는 80퍼센트에 대부분의 시간을 매달린다. 각자의 성격이나 사고방식 등에 따라 자신도 모르게 답습해 오고 있는 것이다.

"우리에게는 언제나 충분한 시간이 있다. 단지 우리가 시간을 올바르게 쓰려고만 한다면." 요한 볼프강 폰 괴테가 한 이 말은 우선적으로 중요한 20퍼센트의 일에 집중해야 함을 일깨워 준다.

365
혼자서 함께 하는 여행

3월 March

- 1일   롱테일의 법칙
- 2일   변화에 대처하는 방법
- 3일   끌어당김의 법칙
- 4일   삶과 마라톤의 공통점
- 5일   최상의 취미
- 6일   두 가지 성공의 열쇠
- 7일   100세 시대, 6대 리스크
- 8일   진짜 하고 싶은 일을 했더라면
- 9일   지식보다 중시한 것은 지혜
- 10일   최고의 얼굴
- 11일   설득의 세 가지 수단
- 12일   나눔
- 13일   강점에 집중하라
- 14일   운은 사람을 통해 흐른다
- 15일   목소리에는 인복이 있다
- 16일   세상에서 가장 완벽한 약
- 17일   최고가 되어라
- 18일   내 안의 숨은 강점 찾기
- 19일   물질적인 목표를 세워라
- 20일   모든 사람을 백만장자로 모셔라
- 21일   최고의 성과를 이루기 위한 세 가지 열쇠
- 22일   친절과 배려는 주는 만큼 돌아온다
- 23일   장수라는 선물
- 24일   소지품으로 칭찬하라
- 25일   아낌없이 주는 나무
- 26일   부를 창출하는 방법 모방하기
- 27일   한우물을 계속 파라
- 28일   플라세보 효과(placebo effect)
- 29일   진정한 부란 무엇인가
- 30일   제대로 산다는 것
- 31일   삶의 힌트

3월 1일

롱테일의 법칙

앤더슨은 "공룡의 꼬리 부분에 해당하는 나머지 80퍼센트를 경시해서는 안 된다"라고 주장했다. 그는 점포의 크기나 유통 구조의 규모가 큰 경우에는 판매 수량이 적은 인기 없는 아이템인 80퍼센트가 파레토 법칙에서 예견하는 20퍼센트의 수익을 훨씬 넘어서는 이익을 창출한다는 것을 발견했다.

－우가야 마사히로, 『세상의 모든 법칙』 중에서

✼✼ 앞에서 살펴본 80대 20의 법칙에 의문을 던지는 법칙이 롱테일의 법칙이다. 사자성어 적소성대(積小成大)란 말이 있다. 작거나 적은 것도 쌓이면 크게 되거나 많아짐을 뜻한다. 비즈니스뿐만 아니라 인간관계에서도 작은 것을 소중히 하는 습관이 중요하다. 상위 20퍼센트가 빛나는 것은 나머지 80퍼센트가 거대한 케이블을 지탱해 주고 있기 때문이다.

가끔 네트워크 마케팅 비즈니스에서도 이 법칙을 적용해야 할 때가 있다. 회원을 모집할 때, 소비자 그룹만 가입시킬 것인지, 사업자 그룹만 모집할 것인지 선택해야 하는 경우다. 관련 업계 성공자들은 양쪽 모두를 선택하는 양자택이(兩者擇二) 하는 것이 좀 더 현명한 방법이라고 말한다. 사람에게 일어나는 일은 정말 알 수 없기 때문이다. 세계에서 가장 아름다운 다리, 샌프란시스코 금문교를 지탱하는 거대한 케이블은 가는 와이어들로 만들어졌다. 이것은 총길이 2,800m의 다리를 지탱할 수 있을 정도로 튼튼하다.

3월 2일

변화에 대처하는 방법

변화는 항상 일어나고 있다. 변화는 치즈를 계속 옮겨 놓는다.

변화를 예상하라. 치즈가 오래된 것인지 자주 냄새를 맡아 보라.

변화에 신속히 적응하라. 사라져버린 치즈에 대한 미련을 빨리 버릴수록, 새 치즈를 보다 빨리 발견할 수 있다.

－스펜서 존슨, 『누가 내 치즈를 옮겼을까』 중에서

✱✱ 사람들은 자신만의 '치즈'를 마음속에 품고 추구하며 살아간다. 치즈는 우리가 얻고자 하는 좋은 직업, 인간관계, 재물, 건강, 명예, 영적인 평화, 그리고 취미활동 등을 상징한다. 우리가 원하든 원하지 않든 간에 변화는 항상 일어난다. 그 변화는 '안주'라는 편안한 사고를 흔들어 놓기도 하고, 더 좋은 곳으로 인도하기도 한다. 변화를 받아들인다는 것은 두렵고 많은 용기를 필요로 한다. 낯설고 험난한 여정이 예측되기 때문이다.

고통 없는 변화는 없다. 때로 두려움은 현실에 안주하려는 안일한 생각을 생산적인 방향으로 흐르게 하는 촉매 역할을 하기도 한다. 우리는 시련과 역경 '그럼에도 불구하고' 성장하는 것이 아니라, 시련과 역경 '덕분에' 성장하는 것이다. 오래된 치즈는 상하기 마련이다. 지금 내 '치즈'의 유통기한은 지나지 않았는지, 자주 냄새를 맡아봐야 한다. 변화를 능동적으로 받아들이고 행동하는 허가 준비해 놓은 '부지런한 자에게 주어지는 치즈 선물'이 놓여 있다.

3월 3일

끌어당김의 법칙

당신의 인생에 나타나는 모든 현상은 당신이 끌어당긴 것이다. 당신이 마음에 그린 그림과 생각이 그것들을 끌어당겼다는 뜻이다. 마음에 어떤 생각이 일어나든지, 바로 그것이 당신에게 끌려오게 된다. -밥 프록터

-론다 번, 『The Secret』 중에서

✲✲ 지금 내 삶의 모습은 지금까지 내가 한 생각들이 현실에 투영된 것이다. "현재 우리의 모습은 과거에 우리가 했던 생각의 결과다."_붓다(기원전 563~483년) 누구나 자신이 가장 많이 생각하는 것들에 관심을 두게 된다. 그것들은 어느 순간 자신에게로 끌려온다. 『생각은 실체다』의 저자인 프렌티스 멀포드(1834~1891년)는 "당신이 하는 모든 생각은 실체이며, 끌어당기는 힘이다."라고 말했다.

지금의 내 모습, 그건 '나 자신'이 아니라, 과거의 내 생각과 행동이 만들어 낸 '결과'일 뿐이다. 그러니 현 상황에 너무 움츠러들지 말기를! 진정한 내 모습은 지금의 생각이 만들어낼 것이다. 생각이 현실이 된다! 원하는 것에 생각을 집중해야 하는 이유다. 풍요로움, 건강, 사랑과 기쁨, 배움, 나눔, 번영 등. 기분이 좋을 때, '좋은 일을 더 많이 끌어당긴다'고 한다. 하루의 시작을 좋은 감정으로 열어라. 기분 좋은 상황과 일들을 끌어당기게 될 것이다.

3월 4일

삶과 마라톤의 공통점

삶은 단거리 경주가 아니라 마라톤 대회다.
나 이외는 누구도 나를 시험할 수 없다.
끝까지 포기하지 않고 완주하면 모두가 승자다. (…)
 이제야 깨달았지만 나도 더 일찍 경쟁에서 벗어나, 동료들이 아니라 나 자신과 경쟁하는 쪽으로 방향을 돌렸어야 했다.

-찰스 핸디,『삶이 던지는 질문은 언제나 같다』중에서

✻ 마라톤 참가자들은 자신과 경쟁을 한다. 기록을 단축하거나 자신의 인내심을 시험하기 위해 달린다. 자신과 경쟁해 스스로 더 나아지기를 바랄 뿐이다. 그것을 위해 계획을 세우고 연습한다. 마라톤을 하는 동안은 자신이 주인공이다. 자기만의 페이스를 조절하며 달린다. 나를 응원하는 가족이나 친구들의 함성은 용기를 주고 기록 향상에 도움이 된다. 하지만 결국 나를 승자로 만드는 것은 '나'다. 아무도 나 대신 달려 줄 수는 없기 때문이다.

나의 풀코스 마라톤 기록은 4시간 19분이다(2016 조선일보 춘천마라톤대회). 지금 글을 쓰면서 기록 갱신을 하고 싶은 생각이 들었다. 나 자신과 경쟁할 수 있는 용기를 내봐야겠다. 나 스스로를 이겨내며, 내 삶을 돌아보고 싶기 때문이다. 내가 마라톤을 좋아하는 이유이기도 하다. 대부분의 참가자들에게 마라톤은 축제다. 완주를 목표로 즐기며 달리는 사람들이 많다. 덴마크의 철학자 키에르케고르는 이렇게 말했다. "스스로 선택하지 못하고 진정한 자기 자신으로 살지 못할 때 사람들은 절망을 느낀다. 가장 깊은 절망은 자기 자신이 아닌 다른 사람으로 사는 것이다."

3월 5일

최상의 취미

최상의 취미는 <삶을 새롭게 고양시키는> 취미다. 이것은 일상을 한층 높은 차원으로 끌어올리는 동시에 <살아 있음>을 체험하도록 돕는다. 아이러니하게도 이런 취미는 저 높고 멀리 있는 목표를 겨냥하지 않고 <지금, 여기>에 집중한다. 지금 하고 있는 활동에 온 마음을 쏟아 혼연일체가 됨으로써 지금 이 시간을 특별하게 변모시키는 것이다.

― 박승오·홍승완, 『위대한 멈춤』 중에서

✽✽ 취미는 에너지를 충전시키고, 균형 잡힌 시선으로 삶을 바라볼 수 있게 해 준다. 또한 자신만의 무늬를 입힐 수 있는 강력한 기회를 제공해 줄 수 있다. 누구나 가장 많은 관심이 가는 분야가 있다. 미국의 철학자 랄프 왈도 에머슨은 "인생의 가장 가치 있는 보상, 즉 삶이 누릴 수 있는 최고의 행운은 좋아하는 취미를 가지는 것이며 그 안에서 일과 행복을 발견하는 것이다."라고 말하며, 관심이 가는 취미를 추구하는 것이 중요함을 강조했다. 긍정 심리학의 대가 미하이 칙센트미하이는 『몰입의 즐거움』에서 "몰입에 뒤이어 오는 행복감은 스스로의 힘으로 만든 것이어서 우리의 의식을 그만큼 고양시키고 성숙시킨다."라고 했다.

삶의 활력, 즐거움과 영감을 줄 수 있는 끌리는 일을 선택하자. 먼 곳에 있는 희미한 것을 찾으려고 애쓰기보다 지금 여기에 분명하게 잘 보이는 그것에 몰입해 보자.

3월 6일

두 가지 성공의 열쇠

건강한 몸과 훈련된 두뇌, 이 두 가지만 있으면 평생을 걸고 해야 할 일을 시작하는 데 두려울 것이 없다. 의지할 수 있는 것은 오로지 이 두 가지뿐이다. 성공의 열쇠는 자기 자신에게 있다. 몸이 건강하지 않다면, 다시 말해 할 수 있다는 확고한 신념이 없다면 자신의 메시지를 세상에 전달할 수 없다.

-오리슨 S. 마든, 『내 삶을 바꾸는 비밀 하루』 중에서

✱✱ 건강한 생활은 풍요로운 삶에 중요한 역할을 한다. 정신적 안정과 행복뿐만이 아니라 의욕적인 삶을 이끌어 준다. 건강의 소중함을 알면서도 잘 관리한다는 것이 쉽지 않다. 많은 사람들이 몸에 이상 징후를 알고 나서야 건강한 생활을 시도하게 되는 경향이 있다.

건강한 육체에 건강한 정신이 깃든다! 라는 말은 우리 정신은 육체와 균형을 이룰 때 건강하게 기능한다는 것을 시사한다. 책에서 인용한 문구는, 교육심리학자인 하워드 가드너는 '몸은 자신의 지성을 품고 있다'고 주장한다. 몸의 움직임을 통해 사고의 폭 역시 넓어진다는 것이다. 가장 저렴하면서도 확실한 건강을 위한 투자방법은 기본을 지키는 것이라고 생각한다. 올바른 사고방식, 올바른 식습관, 적당한 운동, 올바른 생활 습관을 실천하는 것이다.

가장 하기 싫고 가장 어려운 일 중의 하나가 자신을 위해 하는 일이다. 건강관리도 그중의 하나다. 늘 밝고 긍정적인 마음으로 건강한 자기 모습을 생각하라. 마음의 힘은 우리가 생각했던 것보다 더 크다는 것을 우리는 이미 알고 있다.

3월 7일

100세 시대, 6대 리스크

　노후를 걱정 없이 보내기 위해 필요한 것은 무엇일까? 대부분 돈을 꼽는다. 그렇다면 돈 걱정 없는 사람은 행복하게 살 수 있을까? 그렇지 않다. 100세 시대의 삶을 위협하는 리스크가 다섯 개나 더 있기 때문이다. 다음 6대 리스크가 그것이다.

100세 시대, 행복한 삶을 위협하는 6대 리스크

1. 꿈과 목표 없이 오래 사는 것　　4. 건강 없이 오래 사는 것
2. 일 없이 오래 사는 것　　　　　　5. 친구 없이 오래 사는 것
3. 돈 없이 오래 사는 것　　　　　　6. 배우자 없이 오래 사는 것

　　－이성동・김승회, 『인생후반, 어디서 뭐하며 어떻게 살지?』 중에서

★★ 호모 헌드레드(Homo-hundred)란 의학 기술 등의 발달로 100세 장수가 보편화된 시대의 인간을 지칭하는 학술용어로서, 현 인류의 조상을 '호모사피엔스(homo-sapiens)'라고 부르는 것에 빗댄 표현이다(출처: 시사경제용어사전). 지금의 호모 헌드레드 시대가 언제나 장밋빛으로 물들여지고 있는 것만은 아니다. 준비 없는 노후를 맞는다면 삶의 어려움에 직면할 가능성이 높기 때문이다. 가장 큰 리스크는 돈과 건강 없이 오래 사는 것을 꼽는다. 살아가면서 '돈'은 중요하다. 돈이 많으면 100세 시대 리스크 대부분을 해결할 수도 있다. 하지만 그보다 더 중요한 것은 '꿈과 목표를 갖는 것'을 첫 번째로 꼽았다. 꿈과 목표가 없다면 삶의 즐거움도, 의미도 느끼기에는 부족함의 가능성이 높다.

　헬렌 켈러는 "앞을 보지 못하는 것이 슬픈 것이 아니라 비전이 없는 것이 슬픈 것이다."라고 말했다.

3월 8일

진짜 하고 싶은 일을 했더라면

다른 일을 하고 싶다면, 지금 당장 시작하라.
새로운 사랑을 하고 싶다면, 바로 지금 시도하라.
세상에 이름을 남기고 싶다면, 오늘부터 노력하라.
우리가 살아 숨 쉬는 시간은 그리 길지 않다.
가슴에 돌을 안은 채 매일같이 앞만 보고 달린다면 마지막 순간, 당신은 반드시 이렇게 읊조릴 것이다.

"나는 그저 성실한 바통 주자에 불과했구나."

― 오츠 슈이치, 『죽을 때 후회하는 스물다섯 가지』 중에서

✳✳ 누구나 '진짜 하고 싶은 일'을 하면서 살기를 갈망한다. 하지만 우리 주위에 실제로 그런 삶을 사는 사람은 많지 않다. 대부분 사람들이 마음이 가리키는 소리보다는 현실 맞춤형으로 살아간다. '자유로운 삶은 존경을 받지는 못하지만 사랑받는다. 그리고 상쾌한 청량감을 선사한다.' 참으로 공감되는 말이다.

객관적으로 바라보니 세월이 참 빠르다는 것을 느끼게 된다. 어느 순간 누군가의 한마디에 '덜컹' 두려움이 올라온다. 지금 나는 진짜 하고 싶은 일을 하고 있는가? 진정 원하는 삶을 살고 있는가? 들여다본다. 저마다 삶을 바라보는 가치관은 다르다. 중요한 건 자신의 인생을 사는 것이다. 타인이 그려준 밑그림에 타인이 요구하는 색으로 타인을 위한 레플리카(replica)를 만드는 게 아니라, 타인이 그려준 그림일지라도 내가 좋아하는 색으로 새롭게 자신만의 작품을 완성해야 한다. 진짜 강한 사람은 '아는' 사람이 아니라 '하는' 사람이다!

3월 9일

지식보다 중시한 것은 지혜

유대인들은 책을 어떠한 물건보다도 소중히 여긴다. 그들에게는 책에 관한 많은 격언이 있다.

'여행을 하는 중에 지금까지 읽어보지 못한 좋은 책을 보게 되면, 반드시 그 책을 사 가지고 고향에 돌아가라.'

'만일, 가난한 나머지 물건을 팔아야 한다면, 우선 금·보석·집·땅을 팔아라. 마지막까지라도 팔아서는 안 되는 것이 책이다.' (…)

책은 지식의 상징이다. (…) 하지만 그들이 지식보다 중시한 것은 지혜였다.

— M. 토케이어, 『영원히 살 것처럼 배우고
내일 죽을 것처럼 살아라』 중에서

✵ 유대인들은 지식만 있고 지혜가 없는 자는 많은 책을 등에 실은 당나귀에 비유했다. 지식은 쌓아 두기만 하면 도움이 되지 않는다. 지혜가 있는 사람은, 배운 지식을 사용할 수 있는 사람을 말한다. 지혜는 지식을 적용하는 능력이다. 유대인들은 지혜 있는 사람을 부자보다 더 존중했다.

러시아의 대문호 레프 톨스토이는 『살아갈 날들을 위한 공부』에 실린 <인생 10훈>이라는 글에서 '지혜의 근원인 독서하기 위해 시간을 내라'는 교훈을 담았다. 책을 통해 삶의 지혜를 배우고 오늘을 살아갈 힘을 얻을 수 있다. 날마다 좋은 글귀를 읽는 습관을 가져보자.

3월 10일

최고의 얼굴

누구나 최고의 얼굴이 될 수 있다. 얼굴의 성형보다 마음의 성형이 더 중요하고 '나의 외적인 얼굴(my public face)'보다 '나의 참된 자아(my true self)'가 더 중요하다. 잘난 얼굴보다 잘된 얼굴이 소중하다. 잘난 얼굴을 보면 마음이 부담스럽지만 잘된 얼굴을 보면 마음이 편해진다. 사랑하는 사람에게 줄 수 있는 최고의 선물은 성형 미인의 얼굴이 아니라 따뜻한 사랑의 미소가 깃든 얼굴이다.

-이한규, 『상처는 인생의 보물지도』 중에서

✽✽ 오스트리아의 정신의학자이자 심리학자인 알프레드 아들러는 "얼굴은 표현력을 갖고 있으며 의미를 지니고 있다. 이처럼 의미를 부여하는 것이 마음이다."라고 말했다. 우리는 얼굴을 보고 그 사람의 마음 상태와 생각을 읽기도 한다. 과거와 현재, 미래의 모습을 그려보기도 한다. 화사한 얼굴, 밝은 얼굴, 따스한 얼굴은 사랑이 깃든 마음에서 표현된다.

미소는 사람과의 관계를 긍정적인 방향으로 연결해 준다. 또한 좋은 에너지를 끌어모아 주위를 밝게 한다. 웨인 다이어는 "웃음은 영혼의 햇살이다. 햇빛이 없이는 어떤 생물도 자라거나 성장할 수 없다."라고 했다. 기뻐서 웃는 것이 아니라 웃으면 기쁨을 불러온다. '미소는 사람들에게 감동을 주며 세상을 내 편으로 만든다'는 진리를 전하며, 오늘도 모나리자는 미소를 보내고 있다. 늘 밝고 환한 웃음꽃을 피우며 살아라.

3월 11일

설득의 세 가지 수단

『수사학』에서는 연설가가 청중을 설득하는 데 세 가지 기본적인 설득 수단을 사용할 수 있다고 말한다. '에토스'(청중과 연설가의 성격), '파토스'(청중의 감정), '로고스'(논리적 추론). 그리스어에서 '에토스'는 '관습, 습관'을 의미하는 용어로서, 여기에서는 청중이나 연설가가 지닌 어떤 성향이나 정서 같은 것이다(영어에서 적절한 단어는 character이고, 여기에서도 '성격'으로 번역했다). '파토스'는 '감정'을 가리키고, '로고스'는 '논증'을 의미한다.

― 아리스토텔레스, 『아리스토텔레스 수사학』 중에서

※ 아리스토텔레스가 설득의 수단으로 제시한 3가지는 로고스(10%), 파토스(30%), 에토스(60%)이다. **로고스(logos)**는 이성(理性)에 호소하는 논리적인 설득을 말하며, 말의 내용과 말의 구조 즉 문법 두 가지 요소를 포함한다. **파토스(Pathos)**는 감성적 호소력으로 상대방의 감성에 맞게 호소할 줄 알아야 한다는 것이다. 논리가 완벽하다고 해서 상대방을 설득할 수 있는 게 아니고, 아무리 논리가 완벽해도 상대방의 감성을 움직이지 못하면 설득에 실패한다. 설득을 위해서는 듣는 사람의 심리상태를 간파하는 능력이 있어야 한다. **에토스(ethos)**는 품성이나 인격에서 우러나오는 인간적인 신뢰감을 뜻한다. 아무리 논리적으로 설명을 하고 감성을 자극해도 말하는 사람에 대한 신뢰가 없다면 상대방은 믿으려 하지 않을 것이다. 에토스는 말하는 자의 명성 및 평판 그리고 육감적으로 느끼는 인상 등의 요인으로부터 형성되는 신뢰감이다[이성연의 경제이야기] 참고.

   3가지 요소는 제각기 사람의 머리, 직감, 가슴에 호소한다. 지금은 누구나 실시간으로 정보와 지식을 공유할 수 있는 시대다. 상대방의 행동을 끌어내기 위해서는 진정성 있는 말과 3가지 요소를 위한 끊임없는 노력이 필요하다.

3월 12일

나눔

    나눔은 행복의 원천이고 움켜쥠은 불행의 전조다. 사람이 임종할 때 가장 후회하는 3가지는 '좀 더 참지 못하고, 좀 더 감사하지 못하고, 좀 더 나누지 못한 것'이라고 한다. (…)
    인간다움은 '나누는 삶'에 있고 위대함은 '나눔의 주체가 되는 삶'에 있다. '무엇인가를 받는 것'은 희열(喜悅, 큰 기쁨)을 주지만 '무엇인가를 주는 것'은 법열(法悅, 진리를 깨닫고 생기는 사무치는 기쁨)을 준다.

-이한규,『상처는 인생의 보물지도』중에서

❋ 조금만 시선을 돌려도 행복은 가까운 내 주위에 널려 있다. 행복은 찾아서 누리는 것이다. 소유에 집착하면 진짜 소중한 것을 잃을 수 있다. 남태평양 한 섬의 원숭이처럼 코코넛 안의 쌀을 쥔 상태로 손을 빼려고 발버둥 치다가 결국 붙잡힌다. 손을 펴서 쌀을 놓아야 구멍에서 손을 뺄 수 있다.

우리가 훌륭한 삶의 표본이라 말하는 역사상의 인물들은 모두 사람들의 삶을 윤택하게 만든 사람들이다. 그들의 위대함은 권력에서 나오는 것이 아니라, 세상에 얼마나 많은 이로움을 남겼느냐 하는 것으로 존경받고 기억된다. 앨버트 아인슈타인은 신문의 한 기사에서 성공을 이렇게 정의했다. '오직 다른 사람을 위해 산 삶만이 성공한 삶이다.' 우리는 언제든지 나눔을 실천할 수 있다. 지금 내가 가진 것으로. 지금 하는 일을 통해서.

3월 13일

강점에 집중하라

약점보다 강점에 집중해야 하는 가장 큰 이유는 그것을 통해 우리가 가진, 미처 발견하지 못한 독특함을 끄집어 낼 수 있기 때문이다. 독특함을 갖추게 되면, 비로소 성공이 다가온다. 성공은 스스로 창조하는 자의 것이다. 그 기회를 창조할 수 있는 자는 강점을 발견하고 집중했고, 독특함을 발견하고 갖췄다. 우리를 변화시키는 것도 우리의 약점이 아닌 강점이며 독특함이다.

― 김병완, 『독특함에 미쳐라』 중에서

✽✽ 누구나 자신만의 고유한 강점을 가지고 있다. 강점은 독특함을 만들고, 독특함은 최고의 기회를 만들고, 기회는 성공을 만든다. 자신의 강점을 발견하기 위해 병아리가 알을 쪼듯이 스스로 먼저 노력해야 한다. 자신이 가장 잘할 수 있는 것, 자신이 현재 가진 것, 남과 다른 나의 독특함 들을 분석해 보라. 그리고 그것에 집중해라.

타인의 성공법칙이 나에게도 맞는 것은 아니다. 그것은 나의 약점을 이용하는 것일 수도 있다. 사람마다 처한 환경이 다르기 때문이다. 약점을 개선하려 많은 노력을 하는 것은 잘못된 선택일 수 있다. 경영학의 대가 피터 드러커는 "서툰 일을 개선하는 데 많은 시간을 소모해서는 안 된다. 그것보다는 강점에 집중해야 한다. 무능함을 보통 수준으로 끌어올리는 작업은 일류를 초일류로 만드는 것보다도 훨씬 많은 에너지와 노력이 필요하다."라고 말했다. 남의 길을 따라가는 것이 아니라 자신만의 길로 나아갈 때, 즉 자신의 강점에 미칠 때, 훨씬 더 나은 삶을 살아갈 수 있을 것이다. 진짜 행복한 사람은 '내 인생'을 사는 사람이다.

3월 14일

운은 사람을 통해 흐른다

중요한 것은 사람을 만나는 것이다. 늘 머무는 곳의 테두리 밖으로 한 발짝 벗어나서 사람을 만나라는 뜻이다. 인간은 항상 인간을 만나면서 지내야 한다. 그래야 발전하는 법이다. 인생의 성공은 그 사람이 살아가면서 얼마나 많은 사람을 만났느냐에 달려 있다고 해도 과언이 아니다. 이 말은 항상 밖으로 싸돌아다니라는 말이 아니다. 늘 머무는 곳 근방에서만 놀지 말라는 뜻이다.

― 김승호, 『돈보다 운을 벌어라』 중에서

⁂ 세상에는 천복, 지복, 인복이 있다. 그중에서도 최고의 복은 인복이라고 말한다. 인생은 누구를 만나고, 누구와 함께 하느냐에 따라 차이점을 만들어낸다. 좋은 사람을 많이 만나면 좋은 일들이, 나쁜 사람을 많이 만나면 안 좋은 일들이 따라온다.

인복을 누리려면 사람을 많이 만나야 한다. 즉 혼자 실력을 쌓는 시간을 지나치게 늘리는 것보다, 사람을 만나는 데 보내는 시간이 많아야 한다. 아무런 노력 없이 원하는 결과를 기대할 수 없는 것처럼, 운 또한 마찬가지다. 운을 벌기 위해서는 행동해야 한다. 책에서 일러주듯이, 강하고 착한 인품의 사람을 많이 만나라. 그런 사람은 현재 그 자신이 행운을 누리지 않더라도 남에게 큰 도움을 준다. '운칠기삼(運七技三)'이라는 말이 있다. 모든 일의 성패는 운(運)이 70%, 노력이 30% 작용한다는 것이다. 이런 말이 암시하듯, 삶에서 운이 차지하는 비중은 무시할 수 없다. 그러나 '운도 능력'이라는 말도 있듯이, 70% 운도 결국은 자신의 의지로 돌파해야 하는 것이다.

3월 15일

목소리에는 인복이 있다

매력은 목소리에서 나온다. 목소리? 그렇다! 목소리는 영혼과 가장 가까운 곳에서 나오기 때문에 목소리가 훌륭하면 매력이 넘치는 법이다. 목소리에는 정신이 깃들어 있다. 그리고 기운이 들어 있다. 긴 얘기 할 것 없이 좋은 목소리를 내면 매력이 있고, 매력 있으면 인복이 있다!

-김승호, 『돈보다 운을 벌어라』 중에서

✱✱ 목소리를 들으면 그 사람의 운명까지도 알 수 있다고 한다. 목소리 전문가들은 목소리에 많은 것이 함축되어 있다고 말한다. 전문가가 아니어도 우리도 간혹 누군가의 목소리를 들으면 그 사람의 현재 마음 상태를 짐작해 보기도 한다. 책의 내용을 옮기자면, 한의학 이론에 의하면 목소리는 신장에서 나온다. 물론 폐에서도 나오지만, 진정으로 매력 있는 목소리는 신장에서부터 나오는 것이다.

좋은 목소리는 탁 트인 목소리, 맑은 목소리, 악기처럼 잘 울리는 목소리가 좋은 목소리라고 알려준다. 좋은 목소리는 강점이 될 수 있다는 것을 우리는 이미 알고 있다. 훈련에 따라 목소리도 가꿀 수 있다고 하니, 아름다운 목소리를 내기 위해 노력을 하자. 심리학 박사이며 『한 줄 심리학』의 저자인 시부야 쇼조는 첫인상으로 호감도 높이는 법 6가지 중, "목소리도 첫인상을 크게 좌우한다."라고 했다.

3월 16일

세상에서 가장 완벽한 약

가장 적은 에너지를 사용해 가장 감동적인 결과를 낳는다. 긴장과 스트레스를 풀어주고 행복감을 키워준다. 절망을 물리쳐주며 당신의 눈을 빛나게 하고 스스로 당신 자신을 존중하게 해준다. (…)

이 약은 전혀 부작용이 없으며 오히려 혈액순환까지 바로잡아준다. 이것이야말로 완벽한 약이다. 처방은 이것이다. 최소한 하루에 한 번 씩 식전 30분이든 식후 30분이든 서로 껴안으라는 것이다.

－잭 캔필드 · 마크 빅터 한센, 『영혼을 위한 닭고기 수프 2』 중에서

※ 세상에서 가장 멋지고 아름다운 것은 볼 수 있거나 만질 수 있는 것이 아니다. 그것은 오로지 마음으로 느낄 수 있을 뿐이다(헬렌 켈러Hellen Keller, 1880~1968).

3월 17일

최고가 되어라

나의 목표는 언제나 단 하나, 내가 하는 일에 관한 한 최고가 된다는 것이었다. 여러분도 그래야 한다. 대부분의 경우에는 이것이 그렇게까지 어려운 일이 아니다. 모든 사람들이 로켓 과학에 종사하는 것은 아니기 때문이다. 마틴 루터 킹은 이것을 이렇게 표현했다.

"길거리를 청소하는 사람이라면 미켈란젤로가 그림을 그리거나 베토벤이 교향곡을 작곡하거나 셰익스피어가 시를 쓰는 것처럼 청소를 해야 한다. 천국과 지상의 주인들이 걸음을 멈추고 '아, 이 거리에 정말 자신의 일을 잘 해내는 청소부가 살았구나' 하고 감탄하도록 만들어야 한다."

-잭 캔필드 · 마크 빅터 한센 외,
『내 인생에서 놓쳐선 안 될 1% 행운』 중에서

❋ 사업이든 인생이든 어떤 분야이든 성공의 열쇠는 자신이 하는 일에 대한 열정이 있어야 한다. '열정enthusiasm'은 그리스어 entheos "신성한 영감을 받은, 신에게 접근당한"에서 유래한 말이다(온라인 어원 사전). 즉 신에 의해 부름 받은 것이다.

이른바 철강왕으로 알려져 있으며, 미국 역사상 가장 돈을 많이 번 기업인 중 한 명인 앤드류 카네기는 "평균적인 사람은 자신의 일에 자신이 가진 에너지와 능력의 25%를 투여한다. 세상은 능력의 50%를 일에 쏟아붓는 사람들에게 경의를 표하고, 100%를 투여하는 극히 드문 사람들에게 머리를 조아린다."라고 말했다.

세상에 무의미한 일은 없다. 우리 삶의 질을 높이는 모든 일은 존엄하다. 자신이 하는 일에 사명감을 갖고 일을 하다 보면, 최고가 될 수 있고, 감동을 줄 수 있고, 사람들의 삶을 바꾸어 놓을 수도 있다. 열정을 다해 그 일을 해야 하는 이유다.

3월 18일

내 안의 숨은 강점 찾기

태어나 죽을 때까지 자신의 재능과 잠재력을 깨닫지 못하는 사람들이 허다하다.

그렇기 때문에 자신의 강점을 가능한 빨리 발견하고 발전시키는 것은 정말 중요한 일이다. 나아가 주변 사람들이 자신의 타고난 재능을 깨닫고 그를 발전시키도록 돕는 것도 꼭 필요한 일이다.

─도널드 클리프턴 · 톰 래스, 『위대한 나의 발견 강점혁명』 중에서

✵ '천재는 노력하는 사람을 이길 수 없고 노력하는 사람은 즐기는 사람을 이길 수 없다.'라는 말이 있다. 이 말은 "당신이 너무나도 하고 싶어 하는 일을 하기 시작하는 순간, 당신의 인생에서 '일'이라는 것은 더 이상 존재하지 않게 된다."라고 말한 브라이언 트레이시의 말과 일맥상통한다. 즐기는 순간 일은 더 이상 일이 아니고 취미가 되는 것이다.

자신의 재능을 발견하기 위해서는 새로운 무언가를 끊임없이 시도해야 한다. 강점 또한 노력의 산물임을 말할 것도 없다. 가끔 '내가 할 수 있는 게 무엇인가' 스스로 질문해 보아야 한다. 감명 깊게 읽은 책은 한 구절 한 구절 모두 기억했다는(『니콜라 테슬라』) 테슬라 같은 천재는 아닐지라도, 자신만의 타고난 강점과 선호를 발견하고 개발시키는 것은 중요하다. 누군가를 칭찬할 때 현실의 모습으로 건네기보다 상대방의 강점을 미래의 비전에 담아 말해보자. 자신의 강점을 활용하는데 더 큰 도움을 줄 수 있을 것이다.

3월 19일

물질적인 목표를 세워라

　물질적인 목표를 세우는 것은 여러분 자신을 성장시키는 일이라고 할 수 있다. 그렇다고 내가 여러분의 정신적인 부분을 무시하라고 하는 것은 아니다. (…)
　인생에서 좀 더 높은 단계의 꿈을 성취하고, 보다 높은 수준의 능력을 발휘하려면 기본적인 물질적 목표가 반드시 필요하다. 그러므로 주저하지 말고 물질적인 목표를 세워라.

― 덱스더 예거 & 론 볼, 『백만장자의 비밀노트』 중에서

✳✳ 돈이 인생의 목적이 될 수는 없지만, 돈이 없으면 아무것도 할 수 없다. 살아가면서 돈은 중요한 도구로 작용하는 게 사실이다. 실제로 돈을 쓰는 것에 의해 그 사람의 인격을 파악하기도 하고, 사회적인 위치, 미래 비전 등을 예측하기도 한다. 『진짜 부자들의 돈 쓰는 법』의 저자 사토 도미오는 대부호가 될 수 있었던 이유를 '돈을 버는 방법'이 아니라 '돈을 사용하는 법'에 맞췄다고 했다. 연간 2조 2,000억 원 (2022년 기준) 매출액의 글로벌 기업 애터미(주) 박한길 회장은 "수입에 맞춰서 지출하는 것이 아니라 지출을 결정하고 수입을 맞추어라."라고 말했다. 오랜 세월 수입에 의존하여 지출을 결정하던 생활방식과는 다른 돈에 대한 관점을 제시해준다.

    누구나 나름대로 꿈을 안고 살아간다. 돈이 있으면 더 많은 꿈을 이루는 경험을 할 수 있다. '돈은 하느님으로부터 선물을 살 기회를 준다.' -탈무드

3월 20일

모든 사람을 백만장자로 모셔라

목표를 성취하는 데 도움이 될 만한 사람들, 집단들, 조직들을 결정하고 나면, 인간관계의 전문가가 되겠다고 결심하라. 항상 사람들에게 친절하고 정중하고 정답게 대하라. "남들이 나에게 해주었으면 하고 바라는 대로 남들에게 해준다"라는 황금 법칙을 실천하라.

- 브라이언 트레이시, 『목표, 그 성취의 기술』 중에서

✱✱ 살아가면서 가장 중요한 것은 인간관계이다. 나와 연결되어 있는 사람들과의 관계를 통해 내 삶은 달라진다. 나를 긍정적인 감정으로 생각하는 사람과 함께 할수록 더 많은 기회의 문이 열리게 된다. 사업의 성공도 쉬워진다. 지그 지글러가 말했듯이, 독수리떼와 함께 날고 싶다면, 계속 칠면조 무리 사이에 끼여 바닥을 긁어대고 있어서는 안 된다.

상대방에 대해 예단(豫斷)하는 것은 바람직하지 않다. 겉만 보고 그 사람의 본질을 미리 판단하지 말아야 한다. 사람의 앞날은 알 수 없기 때문이다. 그보다는 자신의 일과의 관련성을 고려해 우선순위를 달리해 관리하는 것이 현명한 방법일 것이다. '뿌린 대로 거둔다'는 말처럼, 남을 도와주면 훗날 도움을 받게 된다는 것은 예나 지금이나 진리이다. "다른 사람이 원하는 것을 얻도록 도와주기만 한다면 여러분은 인생에서 원하는 모든 것을 얻을 수 있다."라는 지그 지글러의 황금률 철학을 가슴에 새기자.

3월 21일

최고의 성과를 이루기 위한 세 가지 열쇠

목표를 성취하는 과정에서 최고의 성과를 이루기 위한 세 가지 열쇠는 다짐(commitment), 마무리(completion), 종결(closure)이다. (…)

마무리는 최고의 성과를 이루기 위한 두 번째 요소이다. 어떤 과제를 95퍼센트까지 완성하는 것과 100퍼센트까지 완성하는 것은 엄청나게 큰 차이가 있다. 90퍼센트나 95퍼센트까지는 아주 열심히 일하다가도 마지막 마무리를 늦추고 미루는 경우가 흔하다.

-브라이언 트레이시, 『목표, 그 성취의 기술』 중에서

✲✲ 어떤 과제를 마무리할 때마다 뇌는 소량의 엔도르핀을 방출한다고 한다. 이것은 성취에 대한 보상과도 같은, 행복감과 기쁨을 느끼게 해준다. 반면, '마무리가 안 된 행동'은 스트레스와 불안을 불러일으킨다. 신념 있는 결단력은 집중력을 낳는다. 어느 일화에서 성공의 비법을 물어온 청년에게 임금님은 '와인이 채워진 잔의 한 방울도 흘리지 않고 시내를 돌아올 수 있을 만큼 정해진 목표에 집중하는 것이다.'라고 가르쳐준다. 정신을 집중하면 불평이나, 자기를 비난하는 소리 등은 자동으로 차단된다.

마무리는 신뢰를 지키는 것과 같다. 스코틀랜드 작가인 새뮤얼 스마일즈는 "많은 사람들이 자신에게 주어진 기회를 잡지 못하는 것은 오늘 일을 내일로 미루기 때문이다."라고 말하며 마무리의 중요성을 일깨워 준다.

3월 22일

친절과 배려는 주는 만큼 돌아온다

다른 사람을 대할 때에 그 사람의 몸도 나와 같이 소중하게 여겨야 한다. 내 몸만이 귀한 것은 아니다. 남의 몸도 중하다는 것을 잊지 말아야 한다. 남에게 바라고 싶은 일을 자신이 먼저 하도록 하자. 친절과 배려는 주는 만큼 내게 되돌아오는 법이다.

-우에니시 아키라, 『간절히 원하면 이루어진다』 중에서

☆☆ 살아가면서 우리가 바라는 것은 큰 것만이 아닐지도 모른다. 사람들이 감동할 때는 반드시 크고 특별한 일만이 아니다. 내가 바라는 일을 상대가 먼저 베풀어 줄 때도 우리는 감명 받곤 한다. 아름다운 미소, 다정하게 말을 건네는 것, 친절한 행동, 도와주는 마음 등 이러한 작은 일들의 배려는 삶의 활력을 준다.

다른 사람에게 친절과 배려를 베풀면 그것은 상대방을 행복하게 할 뿐만 아니라 나 자신에게도 기쁨을 준다. 사람은 본래 남을 도와주고 싶은 심성이 있기 때문이다. 그리고 그것의 대가는 언젠가 반드시 어떤 형태로든 되돌아온다. 이것은 경제원칙의 관점에서 보더라도 플러스 알파로 작용한다. '남에게 대접을 받고자 하는 대로 너희도 남을 대접하라'(누가복음 6장 31절 Luke 6:31)는 말은 개인적인 한계를 벗어나, 시간과 공간을 초월해 존재하는 세상의 황금률이다.

3월 23일

장수라는 선물

장수라는 선물은 궁극적으로는 시간이 주는 선물이다. 오랜 세월을 살다보면, 목적이 뚜렷하고 의미 있는 삶을 가꾸기 위한 기회가 있을 것이다. 바이올린 연주자 스티븐 내크머노비치Stephen Nachmanovitch는 이러한 생각을 창의성에 관하여 말하면서 다음과 같이 멋지게 표현했다.

당신이 오래 살 것이라는 믿음을 가지고 살아가면, 대성당을 건설할 것이다. 당신이 회계 분기별로 생각하면서 살아가면, 보기 흉한 쇼핑몰을 건설할 것이다.

― 린다 그래튼·앤드루 스콧, 『100세 인생』 중에서

❖❖ 바야흐로 100세 인생은 세계적인 현상이다. 앞으로도 인간의 수명 증가는 꾸준히 진행되리라는 것을 각종 통계자료로 알 수 있다. 장수를 선물로 받아들이기 위해서는 삶 자체가 즐거워야만 할 것이다. 장수라는 선물을 대비한 계획을 세우면 축복이 되겠지만, 준비하지 않는다면 불행한 삶이 될 것이다. 사회학자 앤서니 기든스는 다음과 같이 말했다.

"자기 삶을 책임지는 것은 위험을 수반한다. 왜냐하면 그것은 열려 있는 다양한 가능성에 직면하는 것을 의미하기 때문이다. 사람들은 필요한 경우에 과거와 완전히 단절하고 기존의 관습이 알려주지 않는 새로운 행위와 흐름을 고려할 준비가 되어 있어야 한다."

지금은 길어진 삶을 위한 유연한 자세와 새로운 사고방식의 시각이 필요한 시점이다.

3월 24일

소지품으로 칭찬하라

　칭찬하는 일에 익숙하지 않은 사람은, 일단 상대방의 소지품부터 칭찬하는 연습을 해보자. 사람은 누구나 자신의 소지품에 대한 칭찬의 말을 들으면 기분이 좋아진다. 특히 그 소지품이 자신이 아끼거나 마음에 들어 하는 것이라면 더더욱 기분이 좋아지고, 칭찬에 기뻐한다. 즉, 칭찬을 받은 것은 소지품이지만, 마치 자기 자신이 칭찬받은 듯한 느낌을 받는 것이다. 게다가 자신의 감각까지 칭찬받았다는 느낌도 들어 우쭐해지게 마련이다.

　　　　－우에니시 아키라, 『사람들에게 호감 받는 100가지 방법』 중에서

✽✽ 칭찬은 좋은 인간관계를 맺어주는 최고의 접착제다. 칭찬을 주고받으면 서로에게 긍정적인 에너지를 준다. 또한 칭찬하다 보면 자연스럽게 불평과 원망은 줄어든다. 칭찬의 포인트는 상대방이 좋아하거나 잘하는 일을 구체적으로 하면 좋다고 한다. 소지품은 그 사람이 나름의 의미를 부여한 대상일 확률이 높다.

칭찬은 작은 말 한마디로 큰 감동을 줄 수 있는 최고의 도구다. 칭찬을 잘 하면 자신을 더욱 매력적으로 보이게 할 수도 있다. 칭찬을 받아들일 때는, 상대방의 마음을 그대로 받아들이고 감사의 말로 응답하는 것이 좋다고 한다. 칭찬할 때는 심리연구가 쓰다 히데키가 들려주는 '미켈란젤로 현상'을 활용해 보자. 보이는 것만 말하기보다 상대방의 내면에 잠들어 있는 감각을 끄집어내어 덧붙여 칭찬하자. 돌 안에 들어 있는 형상을 끄집어내고자 오랜 시간 끌과 망치로 돌을 깎아내듯이, 사소한 칭찬도 믿음을 주는 말과 함께 해 주면 상대방의 장점으로 드러내 주는 계기가 될 것이다.

3월 25일

아낌없이 주는 나무

한 사과나무를 사랑한 소년은 매일 나무에게 와서 떨어진 나뭇잎으로 왕관을 만들어 쓰고 숲속의 왕 노릇을 했다. 나무 위로 올라가 그네도 타고, 사과도 따먹고, 숨바꼭질도 하다가 나무 그늘 아래에서 잠을 자기도 했다. 나무와 소년은 서로를 사랑하며 행복해했다. 세월이 흘러 소년이 나이가 들면서 나무는 혼자 있는 시간이 많아졌다.

어느 날 나무를 찾아온 소년은 돈이 필요하다고 했다. 나무는 자기 사과를 따다가 팔라고 했고 소년은 모든 사과를 따 가지고 떠나 버렸다. 그래도 나무는 행복했다.

오랜 세월 후 소년이 다시 와서 집이 필요하다고 하자, 나무는 자기 가지들을 베어 집을 지으라고 했다. 소년은 나뭇가지들을 다 베어 가버렸다. 그래도 나무는 여전히 행복했다.

한참 후 소년이 다시 찾아와 멀리 떠나고 싶다고 하자, 나무는 자기 몸통을 잘라 배를 만들라고 했고 그는 톱으로 나무 몸통을 잘라 배를 만들어 멀리 떠났다.

오랜 세월 후 노인이 된 소년은 앉아 쉴 곳이 있으면 좋겠다고 나무에게 말하자, "쉬기엔 나무 밑동이 최고야. 이리 앉아 쉬어." 그가 나무에 앉자 나무는 행복했다.

-쉘 실버스타인, 『아낌없이 주는 나무』 요약

✱ 아낌없이 주는 나무처럼 아낌없이 주는 사람을 만난다면 행복할 것이다. 만족을 모르고 자기의 욕심만 채우려고 한다면 행복은 보기 어렵다. 인생의 목적은 소유에 있는 게 아니다. 소유는 처음에는 좋을지 몰라도 그로 인해 더 안 좋은 일이 발생할 수도 있다. 삶은 살아가면서 배우고 사랑하고 나누는 삶을 경험하는 데 의미가 있다. 그 과정에서 감사와 행복을 발견할 수 있다. 행복은 먼 데 있는 것이 아니라 내 안에 있다. 지금 여기에 있다.

3월 26일

부를 창출하는 방법 모방하기

우리는 모든 것을 모방하면서 배운다! 어찌나 모방을 많이 하는지 우리는 그것을 당연한 일로 여긴다. 모방을 당연하고 자연스러운 일로 여겨 그것이 제2의 천성으로 자리 잡으면 모방은 숨 쉬는 일처럼 쉬워진다.

당신에게 다시 한 번 묻겠다.

"왜 우리는 부의 창출을 모방하는 방법을 찾아내지 못했을까?"

인간에게 알려진 배움의 수단 중 가장 강력한 것은 모방이다. 모방은 가장 사소한 버릇부터 인생을 변화시키는 중요한 결정까지 우리 삶의 모든 면에서 실질적인 영향을 끼친다.

—버크 헤지스, 『카피캣 마케팅 101』 중에서

✱✱ 우리는 평생 모방하면서 살아간다. 모방은 '무'에서 '유'를 창조하는 것처럼 어려운 일이 아니다. 때문에 누구나 원하는 것을 따라 할 수 있다. 하지만 무조건 모방한다는 것은 단점을 동반한다. 많은 사람이 지나간 길이라면 무조건 옳다고 생각하여, 당연한 것으로 여기고 맹목적으로 따라가는 것은 바람직하지 않다. 각자의 환경이 다름을 인정해야 한다.

'진정한 부'를 창출하기 위해서는 1차적 단순 성장(시간과 돈을 맞바꾸기) 방식을 모방하는 것이 아닌 기하급수적 성장을 모방하라고 한다. '1차적'이라는 말은 일한 시간만큼만 받는 것이다. 일시적인 소득으로 일을 그만두면 소득도 사라진다. 기하급수적 성장은 복리 또는 배가의 원리로 증식하며 시간이 지남에 따라 투자액이 폭발적으로 증가한다. 한때 기네스북에 세계 최고 부자로 기록되기도 한 미국의 사업가 J. 폴 게티는 이런 말을 남겼다. "부자가 되기를 원한다면 돈을 많이 버는 사람을 찾아 그 사람이 하는 대로 따라 하라." 모든 사람이 창업자가 될 필요는 없다. 좋은 모델을 선택하고 모방 능력을 발휘하는 것으로 충분한 것이다.

3월 27일

한우물을 계속 파라

한우물 파기로 성공을 거둔 사람들이 많다. 프랑스 최고의 작가로 꼽히는 빅토르 위고가 『레미제라블』을 발표한 것은 그의 나이 60세 때였다. 톨킨은 『반지의 제왕』을 62세에, 히치콕은 61세에 필생의 역작 「사이코」를 완성했다. 이처럼 그들의 성공은 남들에 비해 결코 빠르지 않았다. 남들의 성공에 일희일비하지도 않았다. 자신의 목표를 정해놓고 될 때까지 묵묵히 한우물만 팠다.

— 이성동 · 김승회, 『인생후반, 어디서 뭐하며 어떻게 살지?』 중에서

❋ '인내는 쓰다. 그러나 그 열매는 달다.'라는 프랑스 철학자 장 자크 루소의 말은 삶의 태도를 가르쳐주는 강력한 금언 중의 하나다. 한 분야에서 크게 성공한 사람들은 10년 이상, 한우물을 판 사람들이 많음을 알 수 있다. 한 가지 일에 10년을 집중한다는 것은 쉬운 일이 아니다. '인디언이 기우제를 지내면, 반드시 비가 온다.'고 했는데, 그 비결은 '비가 올 때까지 기우제를 계속 지내는 것'이었다. 이 말은 포기하지 않는 삶의 자세를 가르쳐 준다.

흔히 성공은 사람의 '노력'과 하늘의 '때'가 절묘하게 만나는 지점에서 빚어진다고 말한다. 우리가 성공 확률을 높일 수 있는 것은, 자신이 잘할 수 있는 일에 집중해서 꾸준히 밀고 나가는 것뿐이다. 머리가 나쁘기로 인정한 둔재 김득신을 천재로 만든 우직함을 떠올려 보라.

3월 28일

플라세보 효과(Placebo effect)*

아무런 약효를 갖지 않은 물질로 만든 가짜 약임에도 환자에게 좋은 효과를 나타내는 '플라세보 효과'는 순전히 심리적인 바탕에서 일어나는 현상이다.

이 모든 사례는 우리의 생각이 얼마나 대단한 힘을 갖는지 보여준다. 생각의 힘이 이처럼 엄청나다면 인생에서 도저히 통제할 수 없는 것 역시 통제할 가능성이 있는 것으로 보아야 하지 않을까?

― 폴커 키츠·마누엘 투쉬, 『마음의 법칙』 중에서

---

* 젖당, 녹말, 우유, 증류수 따위의 약리학적으로 아무런 효능이 없는 물질로 만든 것을 약으로 속여 환자에게 투여해 유익한 작용을 보는 효과. 라틴어 '플라세보'는 '내 마음에 들다'라는 뜻이다(본문 인용).

※ 플라세보 효과와 비슷한 것으로 '자기충족적 예언'이 있다. 이것은 타인의 기대나 관심으로 능률이 오르거나 결과가 좋아지는 현상을 말한다. 즉 어떤 예언이 원인으로 작용해 현실로 나타난다는 것을 뜻한다. 조 디스펜자 박사가 『당신이 플라시보다』에서 언급한 대로, 우리 마음속에 심어진 생각은, 특히 그것이 반복적으로 주입되면 실제 현실로 나타날 수 있다. 로마 제국의 황제이자 철학자인 마르쿠스 아우렐리우스는 "우리의 인생은 우리의 생각으로 만들어지는 것이다."라는 격언을 남겼다.

매일 아침 긍정적인 생각으로 주문을 걸어보자. 내가 원하는 대로 상대방의 행동을 기대한다면, 드러내 놓고 그런 성격을 미리 칭찬하라고 한다. 칭찬을 받은 상대방은 자부심을 느끼게 되고, 그 칭찬에 부응하기 위해 그런 행동을 하려고 노력하게 된다는 것이다. 생각에 힘이 있으면 말에 힘이 생기고, 힘 있는 행동을 끌어낸다. 생각은 운명을 바꾼다!

3월 29일

진정한 부란 무엇인가

'부'라는 단어는 많은 사람에게 서로 다른 것을 의미할 수 있다. 내게 '부'란 원하는 물건을 살 수 있는 것만 의미하지는 않는다. 물론 그것이 기분 좋은 이점인 것은 사실이다. 내게 '진정한 부'란 자유와 동의어다. 내가 내리는 부의 정의는 이렇다. 나는 이것이 부의 큰 이점을 가장 잘 표현한다고 생각한다.

'부란 돈과 시간이 충분해서 자신이 원하는 것을 원하는 때 할 수 있는 것을 의미한다!'

— 버크 헤지스, 『카피캣 마케팅 101』 중에서

✽✽ 누구나 진정한 부를 원한다. 진정한 부를 위해서는 시스템을 구축해야 한다. 많은 성공자들은 일시적인 소득이 아닌, 지속적으로 돈이 들어오는 시스템의 필요성을 일깨워 준다.

'세계 3대 투자자'로 불리는 짐 로저스는 서른일곱 살에 은퇴하면서, 그토록 바라던 자유를 손에 넣고 세계 각지를 여행하며 투자하는 '모험 투자가'의 길을 걷기 시작했다. 그는 "그저 자유를 사서 마음 내키는 대로 살고 싶었다. 그것뿐이었다."라고 말했다. 어느 책에서인가 '한 인간의 진정한 자유란 그가 타인으로부터 얼마나 경제적으로, 심리적으로, 그리고 정신적으로 독립되어 있는가에 달려 있다.'라고 적혀 있었다. 돈과(Money rich) 시간적 여유(Time rich)와 좋은 사람들(Friend rich)과 함께하는 삶! 지금은 내 삶을 돌아볼 시점이다.

3월 30일

제대로 산다는 것

  누군가를 위해 살아서는 안 된다. 누구도 대신할 수 없는 삶을 살아야 한다. 작가 조 E. 루이스는 이렇게 말했다. "인생은 단 한 번이다. 하지만 제대로 산다면야 한 번으로도 충분하다."
  제대로 산다는 의미는 무엇일까? 당신 자신의 내면에서 들려오는 목소리에 귀 기울이는 삶이다.
  당신 영혼의 속삭임을 따라가는 삶이다.

-사라 밴 브레스낙, 『혼자 사는 즐거움』 중에서

---

* 빈 둥지 증후군 : 중년에 이른 가정주부가 자신의 정체성에 대하여 회의를 품게 되는 심리적 현상. 마치 텅 빈 둥지를 지키고 있는 것 같은 허전함을 느끼어 정신적 위기에 빠지는 일을 말한다(네이버 사전).

✱✱ 사람은 혼자서 살아갈 수가 없다. 어느 곳에 살든지 사람과 마주치지 않고 살아갈 수가 없다. 고대 그리스의 철학자 아리스토텔레스가 말했듯이 인간은 사회적 동물이기 때문이다. 그런 관계 속에서 각자에게는 많은 역할이 주어진다. 자신에게 맡겨진 사회적 역할을 우선적으로 수행하다 보면 진정한 나의 삶은 뒷전으로 밀리게 된다. 어느 순간 정체성이 흔들리고 허전함과 공허함이 밀려오는 빈 둥지 증후군*이 찾아온다.

자신의 인생을 살아야 한다. 더불어 살아가는 삶 속에서 고유한 자신만의 삶을 찾아야 한다. "나는 유일한 사람이며, 그 사실은 변하지 않는다. 모든 것을 할 수는 없어도, 무언가는 할 수 있다."라고 헬렌 켈러는 말했다. 그 무언가가 자신을 위한 삶이 되도록 해야 한다. 자기 인생의 주인공이 되어야 한다. 로마의 철학자 에픽테토스는 "자기 자신의 주인이 자기가 아닌 사람은 자유롭지 못하다."라고 말했다. 아일랜드 출신의 극작가 오스카 와일드는 "평생 지속될 로맨스는 오직 자신과의 사랑뿐이다."라며 강력한 인사이트를 주었다. 내가 평생 찾아 헤매는 그 누군가는 그 어딘가에 없다. 그는 지금 여기 있다. 그는 '나 자신'이다.

3월 31일

삶의 힌트

대부분의 사람들은 동시 발생적(Synchronicity)으로 일어나는 사건들에 대해서도 전혀 눈치를 채지 못하고 있습니다. 이러한 사건들은 바로 여러분의 개인적인 가이드(혹은 지도령)들이 여러분을 돕고자 하여 일어나지만, 이것을 전혀 인식하지 못하고 있는 것입니다.

-토니 & 로빈 에버츠, 『초인 대사들이 답해주는 삶의 의문에 관한 100문 100답』 중에서

✲✲ 누구나 심리학자인 칼 융이 찾아낸 '동시성(synchronicity)'을 경험한 적이 있을 것이다. 그것이 좋은 일로 이어질 경우, 대부분의 사람들은 단순히 운이 좋았다거나 우연의 일치라고 말하며 크게 관심을 기울이지 않고 대수롭지 않게 지나간다. 마치 천사가 정보를 알려주는 것 같은 기분을 느꼈을 것이다.

개인적인 가이드들은 적합한 시기에 다양한 방식으로 모습을 드러낸다고 한다. 지난 일주일, 오늘, 동시 발생적인 일들이 일어나지 않았는지 살펴보라. 내가 오랫동안 고민하고 있는 문제의 해답을 제시해 줄 수 있을지도 모른다. 모든 일이 그렇듯이, 아무리 좋은 기회가 내 앞에 놓여 있더라도 내 생각과 선택을 통과하지 않으면 아무런 의미가 없다. 지금부터라도 개인적인 가이드들이 보내 주는 내 삶의 힌트를 눈여겨보라.

365
혼자서 함께 하는 여행

4월
April

- ◇ 1일   내가 원하는 삶을 살았더라면
- ◇ 2일   오아시스를 만날 때마다 쉬어가라
- ◇ 3일   준비된 서퍼가 파도를 탈 수 있다
- ◇ 4일   기꺼이 불편한 길로 가라
- ◇ 5일   흐르는 물은 썩지 않는다
- ◇ 6일   말은 그 사람의 마음을 나타낸다
- ◇ 7일   '무언가를 했다'고 말하라
- ◇ 8일   최고로부터 배워라
- ◇ 9일   60일 안에 바라는 모든 걸 얻는 방법
- ◇ 10일   복제의 기술 6감 6고
- ◇ 11일   평범함을 최소화하라
- ◇ 12일   하고 싶은 일과 해야 할 일
- ◇ 13일   돈을 잘 쓰면 인생이 바뀐다
- ◇ 14일   나의 독립기념일
- ◇ 15일   인생의 가치를 높이는 배움
- ◇ 16일   네트워커들은 해내겠다고 결심한다
- ◇ 17일   세상에 공짜는 없다
- ◇ 18일   흐름을 놓치지 않기
- ◇ 19일   귀가 아닌 마음으로 들어라
- ◇ 20일   오늘을 온전히 사는 것
- ◇ 21일   그렇게 해서는 앞으로 나아갈 수 없다
- ◇ 22일   가지고 있는 것들에 감사하기
- ◇ 23일   내 사전에 불가능은 없다
- ◇ 24일   비전을 키우라
- ◇ 25일   반드시 밀물은 온다
- ◇ 26일   10년 법칙
- ◇ 27일   자신의 부를 나눠주고자 하는 열망
- ◇ 28일   하루 20분이 인생을 바꾼다
- ◇ 29일   두 시간 경청으로 인생을 바꿀 수 있나
- ◇ 30일   나의 모습

4월 1일

내가 원하는 삶을 살았더라면

'자기 자신에게 솔직한 인생을 살지 않았던 것에 대한 후회.'
이것은 많은 말기 환자들이 품고 있던 후회들 중에서 가장 흔한 것이었다. 게다가 모두 죽음을 코앞에 두고서야 후회를 하기 때문에 그만큼 좌절도 컸다. (…)
"하지만 그 누구도 아닌 나를 위해 하고 싶었던 것들을 하지 못했어. 그걸 할 용기가 없었던 거야." 그레이스가 자신의 소망을 존중할 만큼 충분히 용감했더라면, 모두에게 훨씬 좋았을 것이다. 하지만 안타깝게도 그 사실을 이제야 이해했다.

― 브로니 웨어, 『내가 원하는 삶을 살았더라면』 중에서

✽✽ 독일의 철학자 마르틴 하이데거는 『존재와 시간』이라는 책에서 '죽음에 대한 선험'은 우리를 진정한 자신이라는 가능성으로 가져온다고 했다. 즉 우리가 살아가는 순간순간을 죽음의 거울에 비추면서 살아간다면, 그 순간을 자신의 삶 전체를 살아나가는 것처럼 충실하게 살아갈 것이라고 설명했다(『존재와 시간』, 전양범 역). 인간의 죽음에 대한 연구에 일생을 바친 『인생수업』의 저자 엘리자베스 퀴블러 로스는 죽음을 눈앞에 둔 사람들과 대화를 나누다 보면 살아가면서 우리가 배워야 할 것들이 분명해진다고 말했다. 우리가 진정 원하는 것은 크고 대단한 것만이 아닐 수 있다. 내가 하고 싶은 일을 하며 자기 자신을 만족시키는 삶, 그것으로 충분할지도 모른다. 살아갈 날들이 남아있는 우리에게 그레이스는 마지막으로 이런 말을 남긴다.

"정말 내게 약속해줘. 브로니. 당신은 자신이 원하는 길로 용기 있게 걸어갈 거라고. 다른 사람이 뭐라 하든 상관하지 않고."

4월 2일

오아시스를 만날 때마다 쉬어가라

사하라 사막에서 꼭 오아시스에 멈추어 쉬어야 할 이유에는 세 가지가 있다.
첫째, 쉬면서 기력을 회복해야 한다.
둘째, 여정을 되돌아보고 정정해야 할 것을 정정한다.
마지막으로 오아시스에서는 같은 여행길에 오른 다른 사람들을 만날 수 있다. 사람들은 눈앞에 닥친 일뿐 아니라 위의 중요한 세 가지 일을 하기 위해 시간을 내야 한다는 사실을 잘 알고 있다. 그런데 잘 알면서도 왜 멈추어 쉬어가지 않는 것일까?

― 스티브 도나휴, 『사막을 건너는 여섯 가지 방법』 중에서

✼✼ 많은 사람이 산에 오르는 등산가처럼 산다. 누군가 정해 놓은 정상이라는 목적지를 향해 쉬지 않고 올라간다. 인생은 정해진 목적지를 알려주는 정답을 찾는 게 아니다. 늘 똑같이 펼쳐지는 사막 위에 어제와는 다른 내가 바라보는 세상이 있을 뿐이다.

목적지를 향해 가속페달을 밟는 것은 잘못된 것이 아니다. 하지만 인생에는 그보다 더 중요한 많은 것들이 있다. 인생의 최종 목표는 목적지에 도달하지 못해도 그 과정에서 배우는 것들에 더 큰 기쁨과 보람을 얻을 수 있기 때문이다. 헨리 데이비드 소로는 그 과정의 중요함을 조언해주었다. "우리는 목적지로 향하는 과정을 의식하며 걸어야 한다. 어디서부터 성공이 시작될지 모르기 때문이다." 삶의 가장 최상의 오아시스는 기대하지 않은 순간에 발견된다. 생텍쥐페리의 『어린왕자』에 나오는 아름다운 말처럼 사막이 아름다운 것은 그 어딘가에 우물을 감추고 있기 때문이다. 척박하고 삭막한 사막처럼 느껴질 수 있는 삶의 여정에는 오아시스 같은 수많은 작은 보석이 숨어있다. 멈춤은 작은 보석을 발견하고 한 걸음 더 나아갈 기회를 준다.

4월 3일

준비된 서퍼가 파도를 탈 수 있다

아무리 뛰어난 서퍼도 파도 없이 파도를 탈 수는 없다. 또한, 어떤 좋은 파도가 와도 그동안 쌓아놓은 실력이 없으면 그 파도를 제대로 탈 수 없다. 그 단순한 사실을 내 눈으로 봤다. 똑같은 파도가 왔을 때 누군가는 멋진 포즈로 그 파도를 타고 있었고, 누군가는 준비가 덜 되었기에 잠깐 타다가 물속으로 다시 고꾸라졌다.

― 김도윤, 『럭키 LUCKY』 중에서

✲✲ 흔히 말하기를, 인생을 살다 보면 세 번의 큰 기회가 찾아 온다고 한다. 하지만 이 말에 전적으로 동의하기는 힘들다. 살다 보면 운은 정말 많이 찾아오는 것 같다. 돌이켜보면 놓친 운도 제법 많은 것 같다. 어느 책에서 본 글이 생각난다.

'아무런 준비 없이 기회를 맞이하는 것보다는, 차라리 준비는 되었지만 아직 기회가 찾아오지 않은 편이 더 낫다.' 기회가 왔을 때 잘 올라탈 준비가 되어 있는 사람이라면 온전히 그 운을 자신의 것으로 만들 수 있을 것이다.

배울 준비가 되었을 때 스승이 나타난다고 한다. 지금 내가 할 일은 더 좋은 파도를 기다리며 준비하고 실력을 쌓아가는 것뿐이다. 지금 위치에서 내가 가진 것으로, 내가 할 수 있는 일을 잘 해내는 것이다. 하루하루 작은 성공이 쌓이다 보면 투자의 '복리'처럼 성공의 운도 복리로 증가할 것이다. 좋은 기회는 선착순임을 잊지 말자. 즉 준비가 되어 있는 사람이 우선이다.

4월 4일

기꺼이 불편한 길로 가라

너무 익숙하고 편안한 길을 가고 있다고 느껴지면, 한번쯤 돌아보라.

익숙하고 편안한 길은 수없이 많은 사람들이 이미 다져놓은 길이다.

그 길 위에서는 오직 성공의 한 면만을 바라볼 수 있을 뿐이다.

하나의 성공 속에는 수많은 길들이 깃들여져 있다.

불편하고 낯선 길을 가고 있다고 해서 두려워 할 것 없다.

그 길 위에서는 오직 당신 자신만이 성공을 바라볼 수 있기 때문이다.

- 이종선, 『달란트 이야기』 중에서

✼✼ 나에게 편안한 길은 다른 사람들에게도 편안한 길이다. 누군가가 이미 견고하게 다져놓았기 때문이다. 그 길의 끝에 놓여 있는 것들을 바라보며 유유하게 걸어갈 수 있다. 다른 사람들이 보았던 것을 나도 확인하며 걷는다.

어느 순간 지금껏 내가 최선의 삶이라고 여겨왔던 것들이 낯설게 느껴지는 때가 있다. 내가 정말 걷고 싶은 길은 잘 다져진 넓고 편안한 길이 아니라, 폭이 좁고 한적한 인적이 드문, 나만이 그 가치를 알아볼 수 있는 시골길이 아닐지도 모른다는 생각이 든다. 한 번도 가보지 않은 낯선 길을 간다는 것은 선뜻 나서기가 망설여진다. 두렵고 불편함을 감수해야 하기 때문이다. 그 길을 선택하는 것은 차선의 삶이 될 수도 있다. 그런 사람에게 랄프 왈도 에머슨은 용기를 준다. "길이 이끄는 곳으로 가지 말고, 길이 없는 곳에 가서 흔적을 남겨라." 어느 길로 갈 것인지 선택은 각자의 몫이다.

4월 5일

흐르는 물은 썩지 않는다

강은 흐르기 때문에 맑은 물을 유지할 수 있다. 흐르지 않는 물은 죽음을 의미한다. 물은 끊임없이 순환해야 한다. 건강을 해친 사람의 대부분은 체내의 물인 혈액이 막히는 것이 문제다. 혈액의 흐름이 멈추면 몸은 썩기 시작한다. 뇌혈관이 막히면 목숨이 위험하다. 왜 혈액의 흐름이 막히는 걸까? 그것은 감정이 흐르지 않고 막히기 때문이다. 최근에는 마음의 상태가 몸에 큰 영향을 미친다는 사실이 의학적으로 밝혀졌다.

— 에모토 마사루, 『물은 답을 알고 있다』 중에서

✲✲ 사람마다 고유의 진동을 갖고 있다고 한다. 인간관계에서도 파장이 같은 사람끼리 서로를 끌어당기는 이유가 된다. 어두운 주파수보다는 밝은 빛의 주파수를, 부정적인 주파수보다는 긍정적인 주파수를 내보내도록 하자. 부정적인 감정은 자연스러운 에너지 흐름을 파괴한다. 흐르는 물이 썩지 않듯이 감정도 맑게 소통시키는 것이 중요하다. 즐겁고 신나고 활기찬 감정은 건강한 몸 상태를 지켜준다. 행복한 감정이 막힘없이 흐를 때 삶의 풍요로움을 더할 수 있을 것이다.

외부의 결과들은 내 안의 생각과 감정들이 표출된 것이다. 방에 놓아둔 화초들도 사랑의 감정으로 보살피면 더 싱싱하고 아름답게 자란다. "삶의 상태란 마음의 상태가 반영된 것일 뿐이다."라고 웨인 다이어는 말했다.

4월 6일

말은 그 사람의 마음을 나타낸다

　지금까지 그렇게 아름답고 화려한 결정을 본 적이 없었다. '사랑·감사'라는 글을 보여준 물인데, 물이 기뻐하면서 꽃처럼 활짝 핀 모습의 결정을 나타낸 것이다. 내 인생을 순식간에 바꿔버릴 정도로 아름다운 결정 사진이었다.
　'사랑·감사'의 물은 사람의 마음이 중요하다는 것과, 의식이 세상을 바꾸는 데 얼마나 큰 영향을 미치는지 보여주었다.

－에모토 마사루, 『물은 답을 알고 있다』 중에서

✽✽ 물의 결정을 통해 말의 중요성을 깨닫게 해 준다. 최고 아름다운 물의 결정 모습은 '사랑과 감사'라는 마음을 읽은 결정이었다. 주목할 점은 이 결정은 사랑의 결정보다는 감사의 결정과 닮았다는 것이다. 즉 감사의 파동이 더 강한 힘을 발휘한다는 것을 보여준다. 책의 내용을 인용하자면, 물 분자의 기호는 H_2O, 만약 사랑과 감사가 물처럼 2:1로 연결되어 있다면 힘과 영향력의 크기에서 감사가 2, 사랑이 1이 된다. 감사가 두 배 큰 것이다.

감사하는 말을 하자. 받은 것에 감사하고, 살아있다는 것 자체에 감사하자. 모든 상황을 긍정적으로 해석하고, 사랑과 감사로 마음을 채우면 사랑하고 감사해야 하는 일들이 찾아온다. '사랑과 봉사의 화신'이었던 마더 데레사는 "감사를 표현하는 가장 좋은 방법은 모든 것을 기쁨으로 받아들이는 것이다."라고 말했다. 사랑과 감사의 마음은 긍정에너지를 연결한다.

4월 7일

'무언가를 했다'고 말하라

    90세 이상 노인들에게 "다시 한 번 살아볼 기회가 주어진다면 어떻게 살고 싶습니까?"라고 질문했다. 가장 많이 나온 답변은 세 가지였다. (…) 그중 하나는 "더욱 많은 모험을 해보고 싶다."였다고 한다. (…) 삶의 마지막 순간에 이르면 했던 일보다 하지 못한 일에 대한 후회가 남기 마련이다. (…) "무언가를 했어야 했다."가 아닌 "무언가를 했다."고 자신 있게 말할 수 있어야 한다.

— 키스 캐머런 스미스, 『더 리치THE RICH』 중에서

✱✱ 많은 사람들이 석류알처럼 살아간다. 하루하루를 빈틈없이 빼곡히 채워 가다 보면 정말 내가 하고 싶은 일을 떠올릴 여유조차 만들기가 쉽지 않다. 자기 삶의 우선순위를 깨닫기까지는 오랜 시간이 걸린다.

누군가가 말했듯이, '성공은 감히 시작하는 자에게 찾아온다.'는 것을 명심하자. 하다 보면 예상치 못한 위험도 만날 수 있고, 뜻밖의 행운도 만날 수 있다. 우리가 정말로 두려워해야 하는 것은, 내가 만난 장애물이 아니라, '시작하지 못한 것'에 대한 후회일지도 모른다. 용기는 두려움을 극복하고 행동하는 사람 편이다. 『네 안의 잠든 거인을 깨워라』의 저자인 미국의 변화심리학자 앤서니 로빈스는 "승자와 패자를 분리하는 단 한 가지는 승자는 실행하는 사람이라는 점이다."라고 말하며 행동의 중요성을 강조했다.

세상에는 세 부류의 사람이 있다고 한다. 대단한 일을 해내는 사람, 이를 지켜보는 사람, 벌어진 일에 대해 이야기하는 사람이다. 어떤 사람이 될지는 각자의 선택이다.

4월 8일

최고로부터 배워라

미국의 기업가 헨리 J. 카이저 Henry J. Kaiser는 다음과 같이 말했다.

"나는 나보다 더 똑똑한 사람들을 주변에 두고 그들의 조언을 들으면서 발전해나간다. 나는 모든 사람들이 어느 한 분야에서만큼은 나보다 더 똑똑하다고 생각한다."

다른 사람에게 조언을 구하는 것이 어려운가? 세상에 독불장군은 없다. 많은 사람이 혼자의 힘으로 무언가를 할 수 있다고 생각하지만 어떤 일에서든 지름길은 타인의 도움을 구하는 것이다.

-덱스터 예거 & 론 볼, 『예거의 성공 연금술』 중에서

※ '삼인행 필유아사(三人行 必有我師)', 세 사람이 길을 가면 반드시 스승으로 받들 만한 사람이 있다는 뜻이다. 아무리 뛰어난 사람이라도 혼자서 모든 것을 처리할 수는 없다. 모든 사람은 분명 내게 가르쳐줄 무언가를 지니고 있다. 자신의 약점을 인정해야 한다. 그렇지 않으면 그것으로 문제를 일으킬 수 있다. 상대방보다 잘 해낼 수 있는 분야는 자신이 처리하고, 약하다고 느끼는 분야는 더 유능한 사람에게 맡기는 담대함을 갖는 것이 필요하다.

성공하고 싶다면 내가 원하는 성과를 이미 얻은 다른 사람을 찾아보라고 말한다. 그들이 행동한 대로 따라 하면 비슷한 결과를 얻을 수 있기 때문이다. 진정으로 나의 능력을 보여 주려거든, 나의 능력을 끌어내 줄 수 있는 최고의 전문가를 선택하는 것이 먼저일 수 있다. 『해리포터』시리즈의 영국 아동문학 작가 조앤 롤링은 "우리가 가진 능력보다 진정한 우리를 훨씬 잘 보여주는 것은 우리의 선택이다."라고 말했다.

4월 9일

60일 안에 바라는 모든 걸 얻는 방법

지금 현재 당신이 삶에서 체험하고 있는 모든 것들은 자신이 과거에 일으켰던 생각들의 결과라는 사실을 반드시 깨달아야 합니다. 그러한 생각들로 인해 현재 당신이 살아가고 있는 삶의 환경이나 상황들이 마련된 것이며, 글자 그대로 초대된 것입니다. (…)

60일 뒤의 미래이건 5년 뒤나 10년 뒤의 미래이건, 당신이 자신의 미래 모습에 대해 생각하게 될 때, 그야말로 당신은 자신의 미래로 향하는 길을 내기 시작합니다.

– 에스더 & 제리 힉스, 『유인력 끌어당김의 법칙』 중에서

✲✲ 지금 내 모습이 만족하지 않다면 3년 전, 5년 전 내가 가졌던 생각들을 돌아보라고 한다. 현재 지금 나의 모습은 지금까지 내가 가졌던 '생각'의 결과이다. 이런 말을 들으면 왠지 우울해진다. 갑자기 당황해서 나의 모습을 객관적으로 바라보게 된다. 나의 이상과 현실이 균형 잡힌 삶을 이루지 못하고 있다는 것을 깨닫고 위기감마저 느끼게 된다.

어떤 것에 대해 더 많이 생각할수록 더 명확해지고, 더 명확해질수록 긍정적인 감정을 느끼게 되어 끌어당기는 힘도 더욱 강해진다고 한다. "우리는 우리가 생각하는 대로 된다. 우리의 모든 것은 생각과 함께 일어난다. 우리는 생각으로 세상을 만든다."라고 부처는 가르침을 주었다. 지금 자신에게 가장 중요한 게 무엇인지를 점검할 수 있는 시간을 가져보자. 내가 바라는 미래의 모습을 그려보자. 오늘 내가 생각하는 모습이 나의 3년 후, 5년 후의 모습이 될 것이다.

4월 10일

복제의 기술 6감 6고

'6감'이란 무엇일까요? 시각, 청각, 후각, 미각, 촉각을 말합니다. 마지막 하나는 뭘까요? 바로 영감입니다. 이제 '6고'가 궁금할 겁니다. 우선 '보고'가 있습니다. 네트워크 마케팅 사업을 잘하려면 뭘 봐야 할까요? 책을 봐야 합니다.

두 번째는 '듣고'입니다. 강의 CD나 테이프를 듣는 겁니다. 하루에 60분씩 말이죠.

세 번째는 '맡고'입니다. 세미나나 랠리에 가서 열정의 냄새를 맡아야 합니다. 그것은 곧 사람 냄새를 의미합니다. 네 번째는 '먹고'입니다. 무엇을 먹어야 할까요? 제품입니다.

다섯 번째는 '만나고'입니다. 소비자를 하루에 3명씩 만나야 합니다.

여섯 번째는 '전달하고'입니다. 하루에 한 명에게 사업을 전달해 보십시오.

―송진구,『복제의 기술』중에서

✯✯ 네트워크 마케팅 사업의 불문율과도 같은 성공 시스템 두 가지가 있다. '성공의 8단계'와 '8CORE 체크리스트'이다. 성공의 8단계는 사업을 진행하는 순서를 말하며, 꿈과 목표 설정/ 결의·결단/ 명단 작성/ 초대/ 사업설명/ 후속관리/ 상담/ 복제의 단계로 구성된다.

'8CORE 체크리스트'는 1일 목표로서, 매일매일 하는 것을 체크하는 것이다. 책 읽기(15분 이상)/ VOD 시청(1개 이상)/ 미팅 참석/ 제품 애용/ STP(Show the Plan)/ 소비자 전달/ 스폰서 상담/ 신뢰 쌓기(미인대칭: 미소 짓고 인사하고 대화하고 칭찬하기, 비비불금: 비난, 비평, 불만 금지)로 구성된다. 모든 일이 그렇듯이, 네트워크 마케팅 사업도 포기하지 않으면 결국 성공한다는 것을 많은 자료를 통해 알 수 있다. 중요한 건 시스템에 항상 플러그인 되어 있어야 한다는 점이다.

4월 11일

평범함을 최소화하라

다소 놀랄지도 모르지만, 사실 많은 사람이 평범함을 선택하고 있다. 그렇다고 그들이 평범한 것과 우수한 것을 검토해 보고 나서 평범한 것을 선택하는 것은 아니다. 그들은 다른 방식으로 평범한 것을 선택한다.

-덱스더 예거 & 론 볼, 『백만장자의 비밀노트』중에서

※ 사전적 의미의 평범함이란, 뛰어나거나 색다른 점 없이 보통이라는 것을 말한다. 사람마다 가치와 상황 인식이 다르듯이 평범함도 그럴 것이다. 어느 책에선가 이런 글이 있었다. '평범한 사람으로만 머물지 말고 비범한 사람이 된 후 나눔을 통해 평범한 사람으로 내려가는 삶을 추구하라.' 토머스 에디슨은 "우리가 해낼 수 있는 일을 모두 해 낸다면, 우리는 말 그대로 스스로에게 놀라게 될 것이다."라고 말했다. 삶은 나의 선택이 합쳐진 결과이듯이, 평범함을 최소화하기 위해서는 무엇보다 평범하게 살지 않겠다는 자신의 의지가 중요하다.

4월 12일

하고 싶은 일과 해야 할 일

　사람들은 흔히 하고 싶은 일과 해야 할 일은 완전히 다른 거라고 믿고 있습니다. 그리고 대부분의 사람들은 돈을 버는 일은 어떤 일이든 '해야 할 일'의 범주에 집어넣습니다. 바로 그것이 그들에게 돈이 아주 힘들게 들어오고, 보통 충분치 않은 이유입니다.
　만약 당신이 기분 좋은 생각들로 이루어진 길을 따라갈 정도로 충분히 현명하다면, 그 길이 자신이 바라는 모든 것들로 자신을 안내해 줄 은총의 길이라는 사실을 알게 될 것입니다.

　　　　　　－에스더 힉스 & 제리 힉스, 『머니 룰 MONEY RULE』 중에서

✼✼ 하고 싶어서 하는 일과 해야 할 의무를 갖고 하는 일의 결과는 다르게 나타날 수 있다. 그 동기는 어럿이기 때문에 즐거운 과정이 될 수도 있고, 힘든 과정이 될 수도 있다. 한 번쯤 석공의 이야기를 들어봤을 것이다. 한 젊은이가 여행하다 만난 집을 짓는 석공들에게 돌을 다듬는 이유를 물었다. 첫 번째 석공은 '힘들고 짜증 나는 일'이라고 답했다. 두 번째 석공은 '집을 짓고 있다'고 답했다. 세 번째 석공은 '아름다운 교회당을 짓고 있다고 말하며 이곳에서 사람들이 평화롭게 기도를 올리는 모습이 보인다'고 답했다.

사람에 따라 같은 일을 하면서도 자신이 하는 일의 목적과 의미를 서로 다르게 받아들인다. 마지막 석공처럼 자신이 하는 일의 목적과 의미까지 명확하게 이해하고 일을 수행한다면 그 결과는 크게 달라질 것이다. 프리드리히 니체는 "삶의 목적이 있는 이는, 항상 그 방법을 찾을 것이다."라고 말했다. 원하는 것이 있다면 의도적으로라도 긍정적인 의미를 찾아내고 노력해야 한다.

4월 13일

돈을 잘 쓰면 인생이 바뀐다

　돈을 잘 쓰면 돈은 반드시 좋은 친구를 데리고 자신에게 돌아옵니다. 물론 기부한 사람들이 보답을 바라고 그런 일을 했을 리는 없지만 말입니다.
　'거울의 법칙'을 아십니까? 이 세상에서 일어나는 모든 일은 자신의 마음이 반영된 것이라는 사실 말입니다. 똑같은 금액을 쓰더라도 항상 사회를 위해, 다른 사람을 위해 공헌하려고 마음을 쓰는 사람에게는 반드시 이익이 뒤따르게 됩니다. 거울의 법칙이 작용하기 때문이지요.

―이노우에 히로유키,『배움을 돈으로 바꾸는 기술』중에서

⁂ 돈과 지식은 사용할 때 생명을 얻는다고 했다. 돈을 잘 쓰는 방법은 여러 가지가 있을 것이다. 기부뿐만 아니라, 사회공헌활동, 배움이나 자기계발을 위한 투자 등. 중요한 것은 진정한 마음가짐이다. 돈을 사용할 때는 감사의 마음을 가지고 써야 한다. 고대 로마 철학자 세네카는 "행복으로 이어지는 이익은 행하거나 주었던 것에 있는 것이 아니라 행하는 자나 주는 자의 마음가짐에 있다."라고 했다.

돈을 잘 쓰면 그 이상의 가치를 돌려준다는 것을 우리는 많이 보아왔다. 내가 먼저 웃지 않으면 거울은 먼저 웃지 않는다. 돈도 마찬가지다. 내가 먼저 돈을 잘 써야 좋은 결과를 가져다준다.

4월 14일

나의 독립기념일

개인에게도 기념일이 있다. 인생을 살며 가장 중요한 기념일은 생일(생일은 태어난 날이므로 사실은 생일기념일)과 결혼기념일이다. 이는 마치 개천절과 정부수립기념일 같은 것이고 광복절과 독립기념일 같은 기념일이다. 한 인생으로서의 광복절은 부모로부터 독립해 혼자 살기 시작하는 날이고 재정 자립을 통해 경제적 자유를 취득한 날은 개인 독립기념일이다.

− 김승호, 『돈의 속성』 중에서

＊＊『부자 아빠 가난한 아빠』를 쓴 로버트 기요사키는 『부자 아빠의 비즈니스 스쿨』에서 현금흐름 사분면을 제시했다. E(Employee): 봉급생활자 / S(Self-employed): 자영업자, 혹은 전문직 / B(Business Owner): 사업가 / I(Investor) 투자가. 각 사분면은 돈을 버는 방식을 설명해 주고 있다. E그룹에는 봉급생활자, 연금 수급권자 등이 속하고, S그룹은 변호사, 의사, 서비스업 종사자 등이 속하고, 자신이 직접 일을 하며, 중단하면 수입도 중단된다. B그룹은 자신이 직접 일하지 않는 시스템으로 수입을 얻는 사람들이며, 사업에 손을 떼고 돌아와도 그 사업이 전보다 훨씬 잘 운영되어 수익을 더 많이 내게 할 수 있다. 네트워크 마케팅 사업이 포함된다. I그룹은 투자가 그룹이다.

개인 독립기념일을 갖는다는 것은 시간과 경제적인 자유를 누리며 사는 삶이다. 화가 폴 고갱의 삶을 바탕으로 쓴 소설 『달과 6펜스』의 저자 서머싯 몸은 "진정 소중한 자유는 단 하나, 경제적인 자유가 바로 그것이다."라고 말했다. 나의 독립기념일을 어떻게 삼을지는 각자의 선택에 달려 있다.

4월 15일

인생의 가치를 높이는 배움

"인생의 가치, 인생의 성패는 배움의 질과 양으로 결정된다."
제가 말하는 '배움'이란 성인이 되고 난 이후의 공부입니다. 사회인으로서, 생업을 가지고 일하는 사람으로서 무엇을 얼마나 배우고 있는가? 인생의 차이는 바로 그 지점에서 발생합니다. (…) 인생의 가치를 최대화하는 배움이란 나 자신의 의식, 살아가는 자세, 일을 향한 의욕과 성취동기를 높이고 연마해가기 위한 노력을 의미합니다.

― 이노우에 히로유키, 『배움을 돈으로 바꾸는 기술』 중에서

✲✲ 물리학자인 새뮤얼 아브스만은 그의 저서『지식의 반감기』에서 기존의 지식이 쓸모없어지는 '지식의 반감기'는 점점 줄어들고 있으며, 21세기에는 10년이 채 되지 않을 것이라고 말했다. 현대경영학의 아버지로서 존경받는 피터 드러커는『미래를 읽는 힘』에서 모든 지식은 5년이 지나면 잘못된 방법이 되어버리기 때문에 끊임없이 학습해야 한다고 말했다.

배움에 대한 열정은 삶의 자세와 관련이 있다. 중단없는 배움의 중요성을 강조하는 사람 중에 성공한 사람들이 많다. '지속하는 것은 그 자체로 힘이 된다'라는 말처럼, 배움은 지속하지 않으면 큰 성과를 기대할 수 없다. 배운 만큼 성과로 이어질 수 있고, 아는 만큼 보이는 법이다. 전문가들은 무엇부터 시작할지 망설이는 사회인에게 우선 지금 종사하는 분야와 관련된 공부부터 시작해보라고 말한다. 지금 하고 있는 일의 성과로 연결되는 지렛대 역할을 해 줄 수도 있기 때문이다. 사회인으로서 공부는 스스로 선택해 하는 것이기 때문에 충족감도 더 생긴다. 마하트마 간디의 "내일 죽을 것처럼 살고, 영원히 살 것처럼 배워라."는 말은 언제나 삶과 배움에 있어 지금, 이 순간 최선을 다하라는 경종을 울리고 있다.

4월 16일

네트워커들은 해내겠다고 결심한다

　네트워크마케팅에서 성공한 사람들은 반드시 성공하겠다고 굳게 결의한다. 그들은 네트워크마케팅을 단지 시도해보기 위해 회사에 들어오지 않는다. 네트워크마케팅 트레이너인 더그 파이어바우는 "모든 백만장자들에게는 공통점이 있다. 그들은 '거부'당하지 않는다"라고 말한다. 톱 네트워커들은 시도만 해서는 아무 것도 얻을 수 없다는 것을 깨닫는다. 그는 또 "성공하겠다고 다짐하는 것이 열쇠. 성공하는 길 밖에는 다른 길이 없다고 생각하는 것보다 더 효과적인 것은 없다!"라고 말한다.

　　　－지그 지글러와 존 헤이스 박사, 『네트워크 마케팅 핸드북』 중에서

✲✲ 네트워크 마케팅의 성공 시스템인 '성공의 8단계' 중 두 번째로 링크된 것은 '결단'이다. 꿈과 목표를 설정했다면, 열정을 채울 수 있는 '결의·결단'을 해야 한다. 용기 있는 결단의 순간이 저절로 나오는 것은 아니다. 무언가 내면에 끌리는 뭉클한 열정이 솟구쳐 오를 때 결연한 자세로 결단을 내리게 되는 것이다. 로버트 기요사키는 『부자 아빠의 비즈니스 스쿨』에서 네트워크 마케팅의 첫 번째 가치는 '삶을 변화시키는 교육 시스템을 갖고 있는 것'이라고 말했다. 실제 사업에 성공한 사람들의 생생한 경험담을 통해 실질적으로 도움이 될 수 있는 것을 배울 수 있기 때문이다. 그는 삶의 변화를 맞을 준비가 되어 있다면, 네트워크 비즈니스 스쿨을 알아보라고 권한다.

결단은 실제 교육 현장에서 이루어지는 경우가 많다. 프랑스 철학자 데카르트는 "결단을 내리지 않는 것이야말로 최대의 해악이다."라고 말했다. 삶의 모든 순간이 '선택과 결단'이다. 선택을 잘하고 결단을 잘 내리는 것은 그만큼 중요한 것이다. 반드시 해내겠다고 다짐하는 무언가가 떠오른다면, 기꺼이 받아들여야 한다. 그리고 그 길을 가라. 미련 없이.

4월 17일

세상에 공짜는 없다

　옛날 어느 나라에 백성을 지극히 사랑하는 현명한 왕이 있었습니다. 어느 날 그 왕은 나라의 많은 현자를 불러 모아 백성에게 귀감이 될 만한 금과옥조(金科玉條)를 찾아보라고 분부했습니다. 수백 명의 현자는 머리를 맞대고 백성에게 도움이 될 만한 좋은 말을 모아 12권의 책으로 엮었습니다. 그들이 왕에게 그 책을 바치자 왕이 말했습니다.
　"먹고 살기 바쁜 백성들이 언제 그 많은 책을 볼 수 있단 말인고. 줄여보시오."
　당대의 현자들은 또다시 머리를 싸매고 고민에 빠졌습니다.
　그들은 12권의 책을 줄이고 또 줄여 단 한 권으로 만들었습니다. 그들이 그야말로 금과옥조만 뽑아냈다며 자신 있게 책을 내밀자, 왕은 여전히 인상을 찌푸렸습니다.
　"내용은 좋으나 백성에게는 그것도 길겠구려. 좀 더 줄여보시오."
　그로부터 1년 후 현자들은 책 한 권을 완전히 압축해서 왕에게 단 한 줄의 문장을 올렸습니다.
　"세상에 공짜는 없다!"
　그제야 왕은 미소를 지으며 흡족해 했습니다.

－송진구, 『복제의 기술』 중에서

✳️ 날개를 갖기를 희망하면, 날개깃이 내 살을 뚫고 나오는 고통을 감수해야 한다.

"우리가 우리 삶의 주인공이 되고 어떤 것을 이루기 위해서는 아프고 고통스럽더라도 '뚫고 나와야' 하는 것입니다."라고 말하며, 배우 김혜자는 『생에 감사해』라는 자서전에서 자신의 노력 없이 얻을 수 있는 것은 이 세상에 아무것도 없다는 삶의 통찰을 들려주었다.

4월 18일

흐름을 놓치지 않기

세상은 계속 바뀐다. 변화에 대응하는 유일한 방법은 자신도 함께 변하는 것이다. 당연한 일이지만 그저 손실을 최소화하려 애쓰거나 한 번에 하나씩 소극적으로만 해결하려고 하면 크든 작든 새로운 변화에 제대로 대응할 수 없다. 일곱 번째이자 마지막 원칙은 '흐름을 놓치지 않는 사람'이 되어 인구통계학적, 경제적, 문화적, 기술적인 변화가 다가올 때 그 흐름에 올라탈 수 있도록 준비하는 것이다.

－마우로 기옌, 『2030 축의 전환』 중에서

✱✱ 누구나 변화의 흐름을 놓치지 않는 것이 중요하다는 것을 알고 있다. 변화의 파도에 때맞춰 올라타며 기회를 잡고 성공하는 사람들을 많이 보아왔기 때문이다. 너무 일찍 세상에 나타났다가 인정을 못 받고 실패한 사례도 많다. 인터넷이 보편화되기 전, 인터넷으로 장을 대신 봐주고 배달까지 해주는 사업을 선보였지만, 시대의 흐름을 너무 앞서가 실패했다고 어느 회사의 대표는 말했다. 조금만 관심을 두고 살펴보면, 현재 내 삶의 일부가 되어버린 것들도 몇 년이나, 몇십 년, 그보다 오래전에 누군가의 생각 속에 있던 것들이 지금 새로운 생명체로 나타난 것임을 알 수 있다. 어떤 것은 내가 생각했던 것일 수도 있다.

지금과 똑같은 모습은 영원히 존재하지 않을 것이다. 일찍이 고대 그리스 철학자 헤라클레이토스는 "같은 강물에 두 번 들어갈 수 없다."라고 말하며 그 어떤 것도 안정되거나 머물러 있지 않다고 주장했다. 다양한 선택의 여지를 열어 두고 자기 생각을 확장해 변화의 흐름에 올라탈 준비를 하는 것이 현명하게 살아가는 자세일 것이다.

4월 19일

귀가 아닌 마음으로 들어라

진정한 듣기는 '수동적'이 아닌 '능동적'이어야 한다.
수동적인 듣기란 단순히 상대의 말에 응답하기 위해 듣는 것이고, 능동적인 듣기란 상대의 입장을 이해하기 위해 듣는 것이다. 상대의 말뿐 아니라 그의 어조와 몸짓도 살펴라.
귀로만 듣지 말고 마음으로 들어라.

-셀레스트 헤들리, 『말센스』 중에서

✱✱ '듣다'라는 의미의 단어 두 종류가 있다. listen vs hear. 두 단어는 비슷해 보이지만 조금 차이가 있다. 귀 기울여 듣는 것은 listen이고, 들려오는 소리를 듣는 것은 hear이다. 다시 말해, 이해하고 반응하고 기억하는 능동적으로 듣는 것과 단순히 그냥 수동적으로 듣는다는 것과의 차이다. 듣기의 성공 여부를 판단하는 최상의 척도는 들은 내용을 기억하는 것이다. 상대방의 말을 잘 들어준다는 것은listening 쉬운 일이 아니다. 나의 에너지와 상대방에 대한 배려, 집중력 등을 필요로 한다. 보다 풍요로운 인간관계를 유지하기 위해서는 훌륭한 청취자의 역할을 수행해 내야 한다. 듣기listening 연습은 영어시험을 위해서만 준비하는 게 아니라, 일상에서도 훈련할 필요가 있다. 존중하는 마음으로 상대방의 말에 귀를 기울이다 보면, 내가 미처 기대하지 않았던 반짝이는 아이디어도 얻을 수 있다.

미국의 작가이자 '미국인들의 청취자'로 묘사된 바 있는, 『일 : 누구나 하고 싶어 하지만, 모두들 하기 싫어하고, 아무나 하지 못하는』이라는 인터뷰집의 저자였던 스터즈 터클은 자서전에서 이렇게 썼다. "내가 인터뷰할 때마다 들고 가는 건 바로 '존중'이라는 태도다. 당신이 귀를 기울일 때, 사람들은 자신이 존중받는다는 걸 느낀다. 당신이 이야기를 들어주므로, 그들은 당신에게 말하는 것을 좋아하게 된다."

4월 20일

오늘을 온전히 사는 것

꿈을 이루고 성공하고 행복을 쟁취하는 비결은 '오늘'을 온전히 사는 것이다. 최선을 다해 오늘을 살 때 더 나은 내일이 찾아온다. 누구나 할 수 있다. 어떤 상황에 처해 있든 어떤 고난을 겪고 있든 상관없다. 누구라도 지금 당장 최선의 삶을 누릴 수 있다!

―조엘 오스틴, 『긍정의 힘』 중에서

✻✻ 위대한 삶을 살다 간 많은 현인들은 '오늘을 살라!'고 가르침을 준다. 모든 것이 오늘로 귀결된다. 스페인의 작가 미겔 데 세르반테스는 "'조만간 할 것이다'라는 이름의 길을 걷다 보면 '아무것도 하지 않는다'는 문패가 걸린 집에 다다르게 된다."라고 말했다.

일을 자꾸 미루다 보면 습관이 되고, 미루어야 할 이유가 자연스럽게 찾아진다. 행복 또한 먼 미래로 미루게 된다. 행복은 미래 완료형이 아니라 현재 진행형이다. 내가 선택한 순간부터 행복은 시작된다. 그 순간은 지금, 오늘이다!

4월 21일

그렇게 해서는 앞으로 나아갈 수 없다

사건이 벌어질 때는 언제나 불확실성이 있다. 불확실성이 있어야 기회를 향해 걸을 수 있다. 불확실성이 있어야 성장할 수 있으며, 새로운 것을 경험하고 유례없는 새로운 결과를 만들 수 있다. 새로운 일이 벌어지려면 늘 불확실성이 따른다.

"안전하고 싶은 욕망은 모든 훌륭하고 고귀한 모험에 방해가 된다." - 타키투스

편안하게 느끼는 것만 고수한다면, 늘 해오던 일만 한다면 사실상 당신은 과거에 사는 셈이다. 그렇게 해서는 앞으로 나아갈 수 없다.

- 개리 비숍, 『시작의 기술』 중에서

✽✽ 한 번도 가보지 않은 길을 나선다는 것은 늘 불안하고 불확실성이 따른다. 올림픽 금메달을 향해 출발선상에 선 선수처럼. 보이지 않는 것을 현실화시켜 믿는다는 것은 쉽지 않은 일이기 때문이다. 누구나 현재의 안전하고 확실한 울타리에서 좀 더 머물고 싶어 한다. 웨인 다이어는 『행복한 이기주의자』라는 책에서 "최종 설계인 안전은 죽음을 위한 것이다. 안전이란 앞으로 무슨 일이 일어날지 미리 알고 있는 것이며 자극, 위험, 도전이 없다는 것이다. 안전은 성장하지 않는 것을 의미하고, 성장하지 않는 것은 곧 죽음을 뜻한다."라고 말했다.

새로운 무언가를 얻으려면 새롭게 시작해야 한다. 어떤 것이든 정착하기 전까지는 버퍼링하는 시간이 필요하다. 굵은 밧줄을 만들려면 가는 실 위에 또 다른 가는 실을 반복해서 덧붙여야 하는 행동을 해야만 한다. 삶은 불확실함과 확실성의 선순환을 경험하며 나아가는 것이다.

4월 22일

가지고 있는 것들에 감사하기

내가 확실히 아는 것이 있다면,
만약 당신이 당신 앞에 나타나는 모든 것을 감사히 여긴다면
당신의 세계가 완전히 변할 거라는 점이다.
가지지 못한 것 대신 내가 이미 가지고 있는 것들에 초점을 맞춘다면,
당신은 자신을 위해 더 좋은 에너지를 내뿜고 만들어낼 수 있다.

―오프라 윈프리, 『내가 확실히 아는 것들』 중에서

✱✱ 우리는 늘 무언가를 '하느라' 바쁘다. 하루하루를 정해진 목표에만 바쁘게 주목한 나머지 해야 할 일을 가지고 있다는 사실에는 감사할 마음을 잊는 경우가 많다. "세상에는 자신이 갖고 있는 것이 얼마나 소중한 축복인지 모르는 사람이 너무 많다. 세상 누구도 누리지 못한 축복을 갖고도 말이다." 미국의 3대 대통령이었던 토머스 제퍼슨은 말했다. 감사의 마음을 가질수록 감사해야 할 일이 더 많아진다. 우리 몸의 주파수는 긍정적 에너지로 바뀌어 더 좋은 일들을 끌어다 준다. 모든 것은 일순간에 지나간다. 삶의 모든 순간은 작은 선물들이다. 어떤 의미가 담겨 있다. 지금의 상황이 어떻든지 간에 내게 주어진 이 순간의 가치에 감사하자. 고대 로마의 철학자인 키케로는 "감사하는 마음은 가장 고귀한 미덕일 뿐 아니라, 모든 미덕의 아버지이다."라고 말했다.

감사하는 마음은 내 삶의 보물찾기다. 내가 찾는 진짜 나의 보물은 억만장자가 로키산맥 어딘가에 숨겨 놓은 게 아니다. 먼 곳에 있는 보물을 찾으려 오랜 세월 헤매기보다는 가까이에 있는, 지금 내가 가지고 있는 것이 진짜 '그것'일지도 모른다.

4월 23일

내 사전에 불가능은 없다

젊은 힐은 돈을 모아 가장 두껍고 내용이 충실하고 보기에도 좋은 고급 사전을 하나 장만했다. 필요한 모든 단어는 그 사전 안에 있었고 그는 그 단어들을 온전히 마스터하겠다고 결심한다. 그때 그는 기이한 행동을 한다. '불가능'이란 단어를 찾아 사전에서 오려서 내다버린 것이다. 그는 부정적인 개념인 불가능이란 단어가 하나 빠진 사전을 갖게 되었다. 그때부터 남들보다 앞서고 싶은 사람들에게 불가능한 것은 없다는 가정하에 경력을 쌓을 수 있었다.

— 노먼 빈센트 필, 『믿는 만큼 이루어진다』 중에서

✱✱ 살다 보면 내 인생 사전에서 오려서 내다 버리고 싶은 것들이 있다. 단어 자체를 없애고 마음에서 쫓아내고 행동에서 지워버리고 싶은 것들. 포기하고 싶은 마음, 언젠가 하기로 미루는 행동, 안 좋은 습관의 반복, 신뢰를 깨뜨리는 일, 후회하는 삶 등등. 그 자리에 새롭게 채우고 싶은 것들도 있다. 단어를 떠올릴 때마다 열정이 생기고, 희망과 의욕이 솟아나는 것들. 용기 있는 도전, 할 수 있다는 믿음, 성공과 풍요로움, 꿈과 목표가 있는 삶 등등.

객관적으로 증명되지 않거나, 본인에게 익숙하지 않을 때 불가능이란 단어를 떠올리게 된다. 고 정주영 회장은 '만사는 된다고 생각하면 안 보이던 길도 보이고 안 된다고 생각하면 있는 길도 안 보이게 되는 법'이라는 멋진 말을 남겼다. 시도해 보지도 않고 불가능을 장애물로 세우기 전에 Impossible Possible!(불가능을 가능으로!)을 떠올리자. "CAN'T"에서 T를 지워버리자. 캐나다 심리학자인 앨버트 반두라는 이렇게 말했다. "자신의 능력을 향한 불신은 그에 맞는 행동적 타당성을 만든다."

4월 24일

비전을 키우라

마음에 품지 않은 복은 절대 현실로 나타나지 않는다. 마음으로 믿지 않으면 좋은 일은 결코 일어나지 않는다. 우리의 적은 마음속에 있다. 하나님의 자원이나 우리의 재능이 부족해서 성공하지 못하는가? 아니다. 하나님이 주신 복을 제대로 누리지 못하는 원인은 바로 우리의 잘못된 생각이다.

'난 이미 막다른 골목에 다다랐어. 이게 내 한계야. 내가 그렇지 뭐. 나 같은 것이 어떻게 그런 대단한 사람이 될 수 있겠어? 이제 난 글렀어.'

슬프지만 맞는 소리다. 당신이 생각을 바꾸기 전까지는 말이다.

— 조엘 오스틴, 『긍정의 힘』 중에서

✶✶ 믿음대로 된다고 한다. 자신이 그리는 삶의 모습은 자신의 마음으로만 볼 수 있다. '생생하게 꿈꾸면 반드시 이루어진다'는 말처럼, 꿈을 이루려면 마음에 심은 그 모습을 굳게 믿고 현실 속으로 가지고 와서 이미 이루어진 그 모습으로 살아가라고 한다. 화가 폴 호건은 다음과 같이 말했다. "존재하지 않는 것을 상상할 수 없다면 새로운 것을 만들어 낼 수 없다. 자신만의 세계를 창조하지 못하면 다른 사람이 묘사한 세계에 머무를 수밖에 없다." 마음에 비전을 키우지 않는 사람은 다른 사람이 상상한 세계를 따라가는 수동적인 삶을 살아갈 수밖에 없다는 것이다.

모든 것의 시작은 생각에서 비롯된다. 우리는 마음이 향해 있는 곳으로 나아가게 되어 있기 때문이다. 성공한 사람들의 차이는 꿈의 크기에서 차이가 난다고 한다. 마음의 화면에 저장해둔 그 꿈을 이루는 순간을 상상하라.

4월 25일

반드시 밀물은 온다

　세계 제일의 경영자이자 엄청난 부호로 이름을 날린 철강왕 카네기의 일화이다.
　카네기의 사무실 한켠, 화장실 벽에는 어울리지 않게 볼품없는 그림 한 폭이 걸려 있었다. 그것은 유명한 화가의 그림도 아니고, 그렇다고 그림 솜씨가 뛰어난 작품도 아니었다. 그림에는 그저 커다란 나룻배에 노 하나가 아무렇게나 놓여 있을 뿐이었다. 그러나 카네기는 이 그림을 보물처럼 아꼈다고 한다. 그 이유는 무엇일까?
　카네기는 춥고 배고팠던 청년 시절에 그 그림을 만났다. 그리고 그림 속, 나룻배 밑에 화가가 적어 놓은 다음 글귀를 읽고 희망을 품었다고 한다.
　"반드시 밀물은 오리라. 그 날 나는 바다로 나아가리라."
　카네기는 이 글귀를 읽고 '밀물'이 밀려올 그 날을 기다렸다.

-차동엽, 『무지개 원리』중에서

※ 고난과 시련은 인생의 현실이다. 누구나 맞닥뜨리는 원치 않는 현실과 직면할 때일지라도 자신에게 실망을 주어서는 안 된다. 삶의 모든 순간에는 어떤 의미가 담겨 있기 때문이다. 조앤 치티스터 수녀는 『모든 일에는 때가 있다』라는 책에서 영국의 극작가 보몬트의 "인간에게 진정한 시금석은 시련과 상처다."라는 말을 언급하며 '시련과 상처는 강인해지고자 하는 사람에게 중요한 기회며 필요한 도구'라고 덧붙였다. 어두운 동굴 끝에 1%의 작은 불빛만 보일지라도 희망을 품고, 우리는 용기 있게 걸어 나가야 한다.

4월 26일

10년 법칙

어느 분야의 전문 지식에 정통하려면 최소한 10년 정도는 꾸준히 노력해야 한다. 창조적인 도약을 이루려면 자기 분야에서 통용되는 지식에 통달해야 한다. 바로 이런 이유에서 10년 정도의 꾸준한 노력이 선행되지 않으면 의미 있는 도약을 이룰 수 없다. 흔히 모차르트는 이 규칙이 적용되지 않는 예외라고 말하지만, 그 역시 10년간 수많은 곡을 쓴 다음에야 훌륭한 음악을 연거푸 내놓을 수 있었다.

-공병호,『명품 인생을 만드는 10년 법칙』중에서

✱✱ '원래부터 잘하는' 존재로 태어나기란 힘든 일이다. 차별화된 성과로 두각을 나타낸 사람들은 속도나 순발력의 결과가 아니라, 일정 기간 선행학습이나 경험, 투자 등 집중적인 노력을 반복해 왔다는 것을 알 수 있다. 지금 자신이 일하는 분야에서도 그들의 직접적인 스피치를 들어보면 이 사실을 확인할 수 있을 것이다. 직업인의 성공을 연구해 온 앤드류 카슨 박사는 "어떤 특별한 분야에서 세계적인 수준으로 자신을 자리매김하기를 원하는 사람이라면, 그 분야에서 지속적이고 정교한 훈련을 최소한 10년 정도 해야만 한다."라고 말했다. '10년 법칙'으로 숙련이 되고, 본궤도에 오르고, 정상에 설 수 있다는 것을 말해준다.

'기다림'이나 '인내'라는 단어가 진부하게 느껴지는 스피드 시대다. 그러나 시간이 지나도 가치를 품고 있는 명품처럼, 10년 법칙도 그런 거 같다. '10년 법칙'은 반드시 우수한 지능을 타고난 사람이 아니라도 얼마든지 자신의 선택과 노력으로 정상에 설 수 있다는 사실을 알려준다. 어떤 시점에서 시작하든지 그것대로 스토리를 만들어 낸다. 그동안 자신이 축적해 온 경험과 정보 등을 적용한다면 시간을 단축할 수도 있을 것이다. 10년 법칙은 자신의 선택이다.

4월 27일

자신의 부를 나눠주고자 하는 열망

위대한 철강왕 앤드루 카네기가 사망한 뒤 그의 책상 서랍에서 노란색 종이가 한 장 나왔다. 거기에는 카네기가 20대 때 쓴 인생의 주요 목표가 죽 나열되어 있었다. 그 목표 중 하나가 바로 이것이다.

"나의 인생 절반은 돈을 모으는 데 쓸 것이다. 그리고 나머지 절반은 그 돈을 모두 나눠주는 데 쓸 것이다."

뚜렷한 목표를 세운 카네기는 인생의 전반기에 4억 5000만 달러라는 어마어마한 돈을 모았다(이것은 오늘날의 450억 달러에 해당하는 액수다!). 그리고 실제로 인생의 후반기에는 그것을 모두 나눠주는 기쁨을 누렸다.

-짐 론, 『드림 리스트』중에서

⁂ 누구에게나 성공하고 싶은 이유는 다양하다. 중요한 것은 '충분한 이유'를 갖는 것이 먼저일 것이다. 왜 성공해야 하는지에 대한 이유를 명확하게 말할 수 있어야 한다. 그것은 평범하게 살아가는 삶에서 부와 행복을 성취하는 삶으로 뒤바꿀 수 있는 결정적 요인이 될 수 있기 때문이다. 시간과 경제적인 자유, 풍요로운 삶, 사랑하는 사람이 있기 때문에, 나누고 싶은 마음 등은 성공하기 위한 강력한 동기를 부여하는 요소가 될 수 있다.

지금 잠시 멈추고 내가 이루고 싶은 목표를 떠 올려 보라. 비록 작은 것이라 하더라도 나에게 의미 있는 것은 앞으로 나아갈 수 있게 하는 힘이 되어 준다. 책 표지에 적힌 한 문장이 마음을 붙잡는다. 이 세상에서 가장 멋진 일은, 일생을 바칠만한 계획을 가지고 있는 사람이다!

4월 28일

하루 20분이 인생을 바꾼다

　인간과 침팬지의 DNA 구조는 98.7%가 동일하다고 한다. 즉, 차이는 1.3% 뿐이다. 그러나 이 차이는 대단히 크다. 이 '1.3'의 수치 차이가 인간과 동물을 나누었다. 이 차이가 인간을 만물의 영장으로 만들었다. 이 1.3%의 차이 때문에 인간은 동물원 우리 밖에서 구경하며 살지만 침팬지는 동물원 우리 안에서 갇혀 사는 신세가 된 것이다. 인간은 침팬지와 98.7%를 공유하고 있지만 다른 1.3% 덕에 인간인 것이다. (…)
　하루 24시간 가운데 1.3%, 곧 약 20분만 변화된 행동을 하여도 인생이 바뀌게 된다는 이치인 것이다.

– 차동엽, 『무지개 원리』 중에서

※ 누구나 하고 싶어 하지만, 누구나 하기 싫어하고, 아무나 하지 못하는 것, 그것은 자신을 위한 일이다. 대부분 사람들은 변화를 좋아하지 않는다. 특히 이 세상에 자신을 위한 일보다 하기 싫은 일은 없다. 늘 하던 대로 살아간다면 늘 같은 결과를 얻게 된다는 것을 알고 있으면서도 말이다.

작은 성공을 쌓으면 큰 성공을 불러온다.『절대 실패하지 않는 성공시스템』의 저자 윌리엄 클레멘트 스톤은 "사람들 간의 차이는 미미하다. 그러나 그 미미한 차이가 큰 차이를 만들어 낸다. 미미한 차이는 태도이고 큰 차이는 그 태도가 긍정적이거나 부정적이냐 하는 것이다."라고 말했다. 사람에 따라 하루의 20분은 내 인생을 변화시키기에 충분한 시간이 될 수도 있고, 그렇지 않을 수도 있다. 어떤 것으로 채울 것인지는 본인의 몫이다.

4월 29일

두 시간 경청으로 인생을 바꿀 수 있다

경청은 타인으로부터 무언가를 배우는 훌륭한 방법이다. 한 가지 엉뚱한 제안을 하자면 진정한 성공자를 택해 저녁 식사에 초대하라. 부자에게 밥을 사는 데 돈을 투자해 보는 것이다. (…)

적어도 두 시간은 걸리도록 만들어라. 특별한 사람을 만나 두 시간 동안 경청을 하면 인생을 바꿀 전략과 자세를 충분히 들을 수 있을 것이다.

-짐 론, 『드림 리스트』 중에서

✼✼ 삶의 지혜를 습득하는 방법에는 두 가지가 있다. 하나는 자기 삶에서 배우는 것이고 다른 하나는 다른 사람의 삶을 통해 배우는 것이다. 다른 사람으로부터 배우는 간접경험을 통해 성공 습관뿐 아니라 실패에 대한 교훈도 얻을 수 있다.

우리는 다른 사람의 말을 들을 때 배움을 얻게 된다. 경청하다 보면 상대방의 경험을 내 미래에 투자하는 법을 배울 수 있다. 참신한 아이디어가 떠오르기도 하고, 새로운 비즈니스가 생겨나기도 한다. 『탈무드』에 나오는 '사람은 입이 하나이고, 귀가 둘이다.'라는 말은 말하기보다 듣는 것에 두 배로 더 힘쓰라는 교훈을 준다.

특별한 노하우를 알고자 하면 특별한 행동을 해야 한다. 물질 있는 곳에 마음이 있고 가치가 담겨 있다. 자신의 보다 나은 미래를 위해 기꺼이 돈을 가치 있게 투자해 보라.

4월 30일

나의 모습

그가 읽은 책과
사귀는 친구,
칭찬하는 대상,
옷차림과 취미,
그의 말과 걸음걸이,
눈의 움직임,
방을 보면,
그 사람을 알 수 있다.

-랄프 왈도 에머슨, 『자기신뢰』 중에서

✻ 사람들은 저마다 자신을 표현하는 고유한 무언가를 가지고 있다. 각자가 소유하고 있는 것과 행동을 통해 그 사람에 대해 알 수 있는 힌트를 얻을 수 있다. 누구나 의미를 부여하는 것에 관심을 가지게 되고 그것들을 통해 그 사람의 생각과 지식, 지혜, 성격, 라이프스타일 등을 나타내기 때문이다.

영국의 철학자이자 정치사상가인 존 로크는 '한 사람의 행동은 그 사람의 생각을 설명해 주는 가장 좋은 바로미터'라고 말했다. 내면의 생각은 외부의 행동으로 연결되고, 행동은 자신의 집합체가 된다. 자신이 무슨 생각을 하고 있느냐가 자신이 어떤 사람이 되는지를 결정하는 것이다. 괴테는 '자기 자신'으로 행동이 규정된다고 하면서 "사람은 어떻게 자신을 알 수 있을까? 결코 관찰을 통해서가 아니다. 행동으로 자신을 알 수 있다. 자신의 의무를 다하도록 힘쓴다면 곧 자신의 존재를 깨닫게 될 것이다."라고 말했다.

365
혼자서 함께 하는 여행

5월 May

- ◇ 1일 암에 걸린 이유
- ◇ 2일 돈의 비밀
- ◇ 3일 내가 나를 생각하는 삶
- ◇ 4일 노력이 재능이다
- ◇ 5일 빈틈이 있어서 마음이 끌린다
- ◇ 6일 풀을 뜯어먹는 소처럼 독서하라
- ◇ 7일 우선순위의 삶
- ◇ 8일 시간과 돈의 가치
- ◇ 9일 우리가 믿는 그대로 얻는다
- ◇ 10일 진정한 부자
- ◇ 11일 의상
- ◇ 12일 여유와 경제적 자유
- ◇ 13일 인력의 법칙
- ◇ 14일 향기와 설득 효과
- ◇ 15일 운동
- ◇ 16일 특별한 선물, 재능과 능력
- ◇ 17일 부지런히 일하라
- ◇ 18일 꽃을 보내라
- ◇ 19일 평소 하지 않던 행동
- ◇ 20일 초뷰카시대
- ◇ 21일 일의 행복
- ◇ 22일 수확과 장미꽃
- ◇ 23일 위대한 일
- ◇ 24일 사과팔기 실험
- ◇ 25일 지금의 환경이 다이아몬드
- ◇ 26일 반복의 힘
- ◇ 27일 피그말리온 효과
- ◇ 28일 몰두
- ◇ 29일 "사랑해" 라고 외쳐보기
- ◇ 30일 풍요를 위한 명상
- ◇ 31일 리바이스 청바지 신화

5월 1일

암에 걸린 이유

　사람들이 가장 많이 물어보는 질문은 왜 내가 암에 걸린 것 같으냐는 것이다. 그 대답은 한 단어로 요약할 수 있다. 바로 '두려움'이라는.
　무엇이 두려웠던가? 그저 모든 것이 다 두려웠다. 실패할까봐, 누가 날 싫어할까봐, 사람들을 실망시킬까봐, 착한 사람이 못 될까봐. 또 병도 두려웠다. 그 중에서도 특이 암이 두려웠고, 암 치료법도 두려웠다. 사는 것도 무서웠고, 죽는 것도 무서웠다.

-아니타 무르자니, 『그리고 모든 것이 변했다』 중에서

✻ 우리의 몸은 우리의 의식 상태를 따라간다고 한다. 좋은 생각을 해야 하는 이유다. 두려움은 대개 외부에서 온다. 경험해 보지 못한 새로운 환경에 처할 때나 내가 아닌 타인 중심으로 행동할 때 찾아온다. 실체가 없는 이 두려움은 사실 나 스스로가 만들어 놓은 굴레일 경우가 많다. 외부 세계는 내면의 생각을 되비쳐 주기 때문이다.

용기가 필요할 땐 마치 용기 있는 것처럼 행동해야 하듯이, 두려움을 극복하려면 두려움과 맞서야 한다. 에머슨은 "당신이 두려워하는 일을 하라. 그러면 두려움은 확실히 사라진다."라고 말하며 생각만으로는 두려움을 극복할 수 없지만 행동은 두려움을 극복할 수 있다고 강조했다. 암, 임사체험을 한 아니타는 자신을 '존재상태' 자체로 맡길 때 가장 강한 존재가 되며, 치유의 답은 '자기를 사랑하는 것'이라고 말했다. "내가 곧 사랑임을 이해하는 것이야말로 내가 배운 가장 중요한 가르침이었다. 그것을 통해 나는 모든 두려움을 놓아버릴 수 있었다. 그리고 이것이 바로 내가 살아나게 된 유일한 이유이다." 자신을 더 많이 사랑하자!

5월 2일

돈의 비밀

- 돈을 끌어당기고 싶다면 부에 집중하라. 결핍에 집중하면서 돈을 끌어당길 수는 없다.
- 이미 원하는 만큼 돈이 있다고 가장하고 상상하면 도움이 된다. 부자가 된 것처럼 연기하고 돈을 좋게 생각하라. 돈을 대하는 감정이 바뀌면 돈이 더 많이 흘러들어올 것이다.
- 지금 행복을 느끼는 것이 돈을 더 많이 벌어들이는 가장 빠른 길이다.

-론다 번,『The Secret』중에서

※ 미국 컬럼비아대학교 의학 박사 맥스웰 몰츠의 저서 『맥스웰 몰츠 성공의 법칙』에 따르면, 뇌는 실제 경험과 머릿속에서 선명하게 그린 상상의 경험을 쉽게 구별하지 못한다고 한다. 상상 경험도 실제 경험과 같은 영역에서 정보를 처리하기 때문이다.

사람은 자신이 관심 있는 분야에 가장 많은 생각을 하게 된다. 돈을 끌어당기고 싶다면 돈이 많은 상상을 해야 한다. 풍요로운 생각이 풍요로운 인생을 만든다. 생각의 저울을 긍정적인 곳으로 기울어지게 쌓아 올리자. 세상 모든 일이 '마음가짐'에 달려 있듯이, 부 또한 마찬가지이다. 이미 부를 끌어당긴 사람들의 조언을 받아들여 보라. 돈은 쉽게 시시때때로 들어온다!

5월 3일

내가 나를 생각하는 삶

저는 남이 나를 어떻게 생각할까 하는 점에 대해서는 퍽 무관심한 편입니다.

'내가 남에게 피해를 주지 않고, 내가 남을 욕하지 않으면 되는 거지. 남이 나를 어떻게 이야기하는가에 대해서는 너무 신경 쓰지 말자.'

이렇게 생각하며 오늘을 살고 있습니다.

−정호승, 『내 인생에 힘이 되어준 한마디』 중에서

※ 다른 사람의 생각이나 마음이 내 삶을 살아주는 것은 아니다. 남들이 나를 두고 하는 말에 너무 신경을 쓰는 것은 시간 낭비일 수 있다. 의미 없는 시간이 될 수 있다. 사람들은 다른 사람을 평가할 때 그 사람의 입장이 아닌, 자신의 기준으로 바라보는 경향이 있다. 그것은 그들의 생각일 뿐이지 내 생각과는 상관없는 일이다.

실제로 사람들은 나에 대해 관심이 많지 않다. 자기 삶을 살아내기도 바쁜 세상에 나한테 지속적으로 관심을 보낸다는 것은 어려운 일이기 때문이다. 무엇보다 중요한 건 '내가 생각하는 나'이지, 남들의 눈에 비친 '나'가 아니다. 내 인생은 남들의 눈을 즐겁게 해 주기 위해 디스플레이하는 삶이 아니다. 남이 나를 몰라주는 것이 아니라 남을 모르는 것이 걱정이다. 『논어』에 나오는 말이다.

5월 4일

노력이 재능이다

　노력이 재능입니다. 재능도 값진 것이지만 정말로 값진 것은 노력입니다. 노력이 재능이고 소질이며, 연습의 양이 질입니다. 노력만이 타고난 천재를 대신할 수 있습니다. 운명은 노력하는 인간을 배반하지 않습니다. 노력한 이들이 모두 성공한 것은 아니지만, 성공한 이들은 모두 노력한 이들입니다.

- 정호승, 『내 인생에 힘이 되어준 한마디』 중에서

✲✲ 노력한다는 게 말처럼 쉬운 일은 아니다. 누구나 노력 한다고 말하지만, 자신이 원하는 성취를 이뤄내는 일은 흔치 않다. 성공을 한 사람들 모두가 타고난 재능이 있거나 물려받은 재산을 가진 것도 아니다. 성공한 사람과 그렇지 못한 사람의 차이는 마지막 1퍼센트까지 노력을 했느냐 그 직전에 포기하고 멈췄느냐의 차이라는 것을 알 수 있다. 마지막 1퍼센트가 목표를 달성하는 데 결정적 역할을 하는 것이다.

"인생의 낙오자 중에는 자신이 얼마나 성공 가까이에서 포기한 줄 모르는 사람들이 많다. 난 실패한 적이 없다. 전구에 불을 밝히는 10,000가지 방법을 찾았을 뿐이다. 그중 9,999가지는 효과가 없었고 한 가지는 효과가 있었다." 에디슨의 이 말은 1퍼센트를 남겨두고 멈춰 선 사람들에게 포기하지 말고 '끝까지 해내라'는 메시지를 준다.

5월 5일

빈틈이 있어서 마음이 끌린다

　새빨갛게 칠한 입술과 입가의 점이 트레이드마크인 메릴린 먼로는 1953년 영화 「나이아가라」가 히트를 치면서 일약 스타가 되었다. 이 영화 속에서 엉덩이를 좌우로 흔들며 걸어가는 일명 '먼로 워크(Monroe Walk)'가 주목을 받았는데, 사실 이것은 메릴린 먼로가 직접 생각해 낸 아이디어였다. 하이힐의 오른쪽 굽을 왼쪽 굽보다 6mm 정도 낮게 깎아 일부러 몸의 균형을 무너뜨리고 엉덩이와 허리를 사용해서 균형을 잡아야 하는 자세를 취한 것이다.

　　　　　　　　　　－미즈노 케이야 외, 『인생은 잇셀프』 중에서

✽✽ 누구나 부족한 면을 가지고 살아간다. 물이 너무 맑은 곳에서는 큰 물고기가 살지 못하듯이, 사람도 너무 완벽한 사람한테는 다가가기가 쉽지 않다. 자신이 느끼기에는 단점으로 생각하는 부분도 남들이 보기에는 그것이 매력으로 보일 수도 있다. 자신의 단점을 인정하고 활용하면 상대방의 호감을 얻을 수 있고, 의외의 결과를 가져다줄 수도 있다.

부정적인 것처럼 보이는 나의 단점이 언제나 나쁜 것만은 아니다. 중요한 것은 어떻게 받아들이느냐는 태도일 것이다. 때로 부족함은 가장 큰 무기가 될 수도 있다.

『괴테가 읽어주는 인생』이라는 책에서 괴테는 "어느 정도의 결점은 개인의 존속을 위해서 반드시 필요하다. 오랜 친구가 자신의 습관을 버린다면 아마도 우리는 낯선 느낌이 들 것이다."라고 말했다. 결점은 매력과 절묘하게 하모니를 이룬다.

5월 6일

풀을 뜯어먹는 소처럼 독서하라

"모든 책을 다 의무적으로 서문부터 결론까지 읽을 필요는 없네."
"선생님은 그럼 책을 어떻게 읽으셨나요?"
"의무감으로 책을 읽지 않았네. 재미없는 데는 뛰어넘고, 눈에 띄고 재미있는 곳만 찾아 읽지. 나비가 꿀을 딸 때처럼. 나비는 이 꽃 저 꽃 가서 따지, 1번 2번 순서대로 돌지 않아. 목장에서 소가 풀 뜯는 걸 봐도 여기저기 드문드문 뜯어. 풀 난 순서대로 가지런히 뜯어 먹지 않는다고. 그런데 책을 무조건 처음부터 끝까지 다 읽는다? 그 책이 법전인가? 원자 주기율 외울 일 있나? 재미없으면 던져버려. 반대로 재미있는 책은 닳도록 읽고 또 읽어.

― 김지수, 『이어령의 마지막 수업』 중에서

✱✱ 많은 사람들이 책은 처음부터 끝까지 읽는 것을 당연한 것으로 생각한다. 나 또한 그런 의무감을 가지고 지금까지 지켜오고 있다. 책을 통해 습득하고 싶은 지식이나 시대의 트렌드를 알고 싶어 선택한 책은 어떻게든 끝까지 읽어내려고 인내심을 발휘한다. 읽다가 중도에 멈추면 미결에 대한 죄책감이 들고, 가장 중요한 핵심 부분을 놓쳤을지도 모른다는 개운치 않은 감정이 남아서다. 순서대로 다 읽어낸 후에라야 시험까지 마친 홀가분한 기분을 느낄 수 있었다. 그래서일까. 책을 읽는다는 것에 대한 부담감을 느끼는 것도 사실이다. 독서의 고수들처럼 몇 줄만 읽고 책이 말하려는 핵심 한 문장을 찾아내기란 쉬운 일이 아니다.

어떤 장르의 책이든 책을 읽는 이유는 재미로 읽을 때도 있지만, 무언가 어제보다는 나은 나의 모습을 만나고 싶기 때문일 것이다. 책을 읽으며 내 안의 부족함을 채울 수 있을 거라는 믿음을 갖게 된다. 성공시스템의 첫 번째 순서인 '매일 15분 이상 책 읽기'를 꾸준히 실천해보자. '꿈은 이루는 게 아니라 지속하는 것'이라는 책 속의 말이 더 나아갈 수 있는 용기를 준다.

5월 7일

우선순위의 삶

바쁜 것이 좋은 것만은 아니다. 너무 서두르지 말라. 행복하려면 기다리며 느리게 살 줄도 알아야 믿음과 인격과 생활의 수준이 높아진다. 진짜 가치 있는 일을 이루려면 바쁘게 많은 일을 하기보다 느리더라도 바른 일을 하라.
많은 일을 하기보다 중요한 일에 집중하며 단순하게 살라.

―이한규, 『월간 새벽기도, 2022.1.』 중에서

✲✲ 우리는 늘 바쁘다. 매일매일 처리해야 할 많은 일을 안고 살아간다. 바쁘다는 것이 행복한 삶을 산다는 것만을 의미하지는 않는다. 그다지 중요하지 않은 일에 자신의 에너지와 시간을 쏟느라 정작 중요한 일은 점점 뒤로 미루는 일들도 많다.

모든 것을 다 잘 해낼 수 있을 만큼 삶은 길지 않다. 삶에도 가지치기가 필요한 이유이다. 우선순위의 삶이란 해야 할 일 중에서 최상의 일을 선택하는 삶이다. 중요한 일에 집중하는 것이다. 그리스 철학자 소크라테스는 "우리가 더 적게 원할수록 신을 더 닮아 간다."라고 말했다. 우선순위를 분명히 하면 삶의 서두름을 줄일 수 있다. 또한 목표를 달성하기도 훨씬 수월해진다. 미국의 철학자 제임스는 '지혜란 무시해도 될 일이 무엇인지 판별하는 기술'이라고 말했다. 즉 중요하지 않은 일이나 사람으로 방해받는 일이 있어서는 안 된다는 것을 의미한다. 우선순위에 따른 선택과 집중이 필요한 것이다.

5월 8일

시간과 돈의 가치

시간과 돈의 가치가 유사한 점을 다음 10가지로 요약할 수 있다.
첫째, 시간과 돈은 모두 가치 있는 자원이다.
둘째, 시간과 돈은 가지고 있는 양보다 그것을 어떻게 사용하느냐가 더 중요하다. (…)
여섯째, 가치 있는 일에 시간과 돈을 투자하면 부가가치를 낳는다. (…)
여덟째, 시간과 돈은 가치 있게 여길 때, 가치 있게 쓸 수 있으며, 시간과 돈이 부족할 때 더욱 그 가치를 실감하게 된다.
아홉째, 시간과 돈은 무소불위의 힘이 있어 무엇이나 할 수 있고 불가능한 일이 없다.
열 번째, 돈과 시간은 인생에 가장 무거운 짐이다.

―짐 론, 『시간관리 7가지 법칙』 중에서

※ "시간을 돈과 같이 생각하라." 벤저민 프랭클린이 한 말이다. 100년도 더 지난 시대에 영국 작가 조지 기싱은 자전적 에세이 『헨리 라이크로프트 수상록』에서 "돈은 시간이다. 돈이 있다면 나는 시간을 사서 즐겁게 쓸 수 있을 것이다. 돈이 없다면 어떤 의미로든 내 것이 될 수 없을 시간을 말이다."라는 말을 했다. 시간을 잘 관리하면 그 이상의 가치가 따라온다. 자신에게 맡겨진 시간을 적극적으로 찾아서 사용한다면 더 많은 기회를 잡을 수 있을 것이다. 쇼펜하우어는 "신은 인간을 채찍으로 다스리지 않는다. 단지 시간으로 다스릴 뿐이다."라는 명언을 남겼다.

5월 9일

우리가 믿는 그대로 얻는다

당신이 부정적이고 소극적인 생각을 하면, 당신은 부정적이고 소극적인 결과를 얻는다. 당신이 긍정적이고 적극적인 생각을 하면, 당신은 긍정적이고 적극적인 결과를 얻는다. 이것은 번영과 성공을 가져다주는 경이로운 법칙의 기초가 되는 단순한 사실이다. 이것을 한 문장으로 줄인다면, 다음과 같다.

"믿어라, 그러면 성공한다." (…)
"너희가 기도할 때에 무엇이든지 믿고 구하는 것은 다 받으리라."(「마태복음」 21장 22절)

― 노먼 빈센트 필, 『긍정적 사고방식』 중에서

✱✱ 부족하다는 말만 하고, 부족하다는 생각만 하면 그 부족한 생각들에 무게를 실어 주기 때문에, 부족한 상태를 낳는 조건을 창조한다고 한다. '할 수 없다'는 부정적이고 소극적인 생각이 마음속에 끼어들려고 하면, 그 즉시 긍정적이고 적극적인 생각으로 바꿔야 한다.

긍정적인 사람이 될 것인지 부정적인 사람이 될 것인지는 자신의 선택이다. 어떤 선택을 하느냐에 따라 자신의 삶은 달라질 수 있다. 세상을 바라보는 것 또한 자신이 만든 삶의 태도의 반영이다. 스페인의 작가 알렉스 로비라는 『내 인생 최고의 명언』이라는 책에서 "멋진 인생이란 삶을 살아가고 그 삶에 전념하기 위해 선택하는 수많은 태도의 총합이다."라고 말했다. 자발적이고 의식적으로 선택한 태도를 믿음으로 발전시켜나가는 결과가 멋진 인생이라는 것이다. 우리는 모든 순간을 긍정적인 태도로 선택할 수 있다.

5월 10일

진정한 부자

당신의 인생에는 당신만 관여되어 있는 것이 아니다. 타인들도 엮여 있다. 당신이 지금 이때, 이 땅에, 바로 여기에 있는 이유가 분명 있을 것이고 그 사명을 다하기 위해 노력해야 할 의무가 있다. 당신의 퍼즐 조각을 세상에 더해야 한다. 오로지 자신에게 매몰되어 있으면 모든 게 나를 중심으로만 돈다. 즉 나만 생각한다. 하지만 진정한 의미의 부자가 되려면 나 혼자가 아니라 타인의 삶에도 가치를 더해줄 수 있어야 한다.

— 하브 에커, 『백만장자 시크릿』 중에서

✻✻ 우리는 자신의 가치를 너무 쉽게 스스로 평가절하 한다. 자신이 얼마나 가치 있는 사람인지 아직 모르면서. 다른 사람과 비교하거나, 외부의 환경을 이유로 자신의 가치를 스스로 낮게 받아들이는 것은 옳지 않다. 전 세계 인구 중 나와 같은 얼굴을 가진 사람은 단 한 명도 없다. 나와 같은 성격도 없고, 나와 똑같은 재능을 가진 사람도 아무도 없다. 이 세상 누구도 모든 게 완벽한 사람도 없고, 모든 게 부족한 사람도 없다. 사람은 누구나 각자가 다른 것을 두고 서로 보완해 주며 살아간다.

　내 삶에는 많은 사람들이 함께한다. 그들의 삶에 가치를 더해줄 수 있는 사람은 바로 '나'라는 것을 잊어서는 안 된다. 나만 생각하는 작은 삶이 아닌 타인의 삶에도 가치를 더해줄 수 있는 큰 삶을 생각하자. 앤드류 카네기는 "다른 사람을 풍요롭게 하지 않고 스스로 풍요로워지는 사람은 없다."라고 말했다. 칠레 영화감독이자 작가인 알레한드로 조도로프스키도 "누군가에게 뭔가를 베푸는 것은 곧 당신에게 베푸는 것이고, 베풀지 않는 것은 스스로에게서 빼앗는 것이다."라고 말하며 베풂을 통해 풍요로워지는 삶을 피력했다. 선한 영향력을 베풀며 사는 것은 타인의 삶에 가치를 더하는 일이다. 그것은 나의 인생을 일구는 일이기도 하다.

5월 11일

의상

부유한 인상과 외모는 예외 없이 언제나 시선을 끌기 마련이다. 게다가 부티가 나는 인상은 '우호적인 관심'을 불러일으키는데 이는 부유하고자 하는 것이 모든 인간에게 자리 잡은 욕망이기 때문이다. (…) 부티 나는 외모는 도움을 요청하거나 부탁을 하는 사람이 다른 사람에게 호의적인 인상을 남길 수 있는 수단일 뿐 아니라 자기 자신에게 미치는 영향 때문에 더욱 중요하다고 볼 수 있다.

- 나폴레온 힐, 『성공의 법칙』 중에서

✳︎ 옷차림이 나를 대신해서 나의 모든 것을 말해줄 때가 있다. 나의 옷차림이 내 마음을 표현하기 때문이다. 잘 차려입은 의상은 자신감과 희망에 찬 모습을 보여준다. 상대방과의 만남을 좀 더 풍요롭게 이끌어 줄 수도 있다. 충만한 열정의 마음가짐을 채우는 데 중요한 역할을 담당하기도 한다.

때로 상대방의 태도는 나의 옷차림에 대한 판단을 반영한다. 나의 차림에 따라 나를 대하는 상대방의 행동이 달라지기 때문이다. 잘 차려입은 의상은 상대방의 호감을 사기 전에 나 스스로 성공의 기운을 북돋워 준다. 부랑자에 가까웠던 에디슨의 동업자였던 에드윈 반스가 한 말은 의상에 대한 중요한 철학을 보여준다.

"내가 31벌의 옷을 입는 것은 다른 사람들에게 주는 인상 때문이 아니라 그 옷들이 내게 주는 인상 때문이지." 기억하라. 겉모습에는 인생을 바꾸는 강력한 힘이 있다는 사실을.

5월 12일

여유와 경제적 자유

경제적으로 여유롭다는 것은 돈이 풍족하여 더 이상 그것을 걱정할 필요가 없는 것을 의미한다. 돈은 악의 뿌리가 아니다. 오히려 악의 뿌리는 돈이 없는 것이다. 경제적 자유를 성취한다는 것은 인생에서 가장 중요한 목표 중 하나이자 책임이다. 운에 맡겨 두기에는 너무 중요한 성공 요소이다.

─브라이언 트레이시,『잠들어 있는 성공시스템을 깨워라』중에서

✳︎ 누구나 한 번뿐인 인생을 풍요롭게 살고 싶어 한다. 부자가 되어 돈 걱정을 안 하며 자유로운 삶을 살기를 원한다. 인간관계, 삶의 영역 등을 부자로 가는 방향에 맞추며 살아간다.

조셉 머피 박사의 어록을 해석해 놓은 『커피 한잔의 명상으로 10억을 번 사람들』이라는 책에서 오시마 준이치는 이렇게 전한다.

"겨우 연명할 만큼의 돈을 원하지 말고, 원하는 일은 모두 할 수 있을 만큼 풍족한 돈을 원하세요. 우리는 어제도 자신의 생각과 믿음의 크기만큼만 얻었고, 내일도 그러할 것입니다."

목표는 크게 정하라고 말한다. 설령 그 목표를 달성하지 못하더라도 그것을 향해 가는 과정에서 만나는 경험의 크기가 다르기 때문이다. 삶은 그 사람이 하루 종일 생각한 그 자체라고 했다. 풍요로운 삶을 바란다면 'Money rich'한 라이프스타일을 생각해야 한다. 생물학의 창시자이며 영국 박물학의 아버지로 불리는 존 레이는 "신은 인간을 만들고, 옷은 인간의 외양을 꾸민다. 그러나 인간을 마지막으로 완성하는 것은 돈이다."라고 말했다.

5월 13일

인력의 법칙

어떤 철학자는 이렇게 말했다.

우리가 생각의 씨앗을 뿌리면 행동의 열매를 얻고,
행동의 씨앗을 뿌리면 습관의 열매를 맺는다.
습관은 다시 성품을 낳고,
성품은 우리 운명을 결정한다.

우리는 자신을 바꿀 수 있다. 스스로를 바꾸면 보다 많은 것을 하고, 보다 훌륭한 사람이 될 수 있다. 변화의 출발은 생각을 바꾸는 것이다. 우리는 마음을 엄격하게 훈련시켜 지배하는 생각을 바꿀 수 있다. 바라는 것에 생각을 집중하고 원치 않는 것은 거부하여 생각을 단련시킬 수 있다.

－브라이언 트레이시, 『잠들어 있는 성공시스템을 깨워라』 중에서

✲✲ 모든 것의 출발은 '생각'이다. 나를 둘러싼 지금의 모습은 내 생각의 총합의 결과이다. 현재 내 마음 상태를 보여주는 바로미터다. 겉모습은 내면의 상태를 반영하는 거울이기 때문이다. 평소에 내가 생각하는 것들은 어느 순간 내 삶 속으로 자석처럼 끌려온다. 나와 생각과 감정이 비슷한 사람들, 늘 보아왔던 사물들, 상황들을 반복해서 만나게 되는 이유도 그 때문이다. 바라는 것이 있다면 먼저 내 안에서 생각이 일어나야 한다. 프랑스 소설가 폴 부르제가 『정오의 악마』에서 남긴 말을 떠올려보자.

"당신은 당신이 생각하는 대로 살아야 한다. 그러지 않으면 머지않아 당신은 사는 대로 생각하게 될 것이다." 내가 원하는 삶을 살아갈 것인지, 다른 사람이 정해 놓은 기준에 맞추어 살 것인지는 각자에게 맡겨진 몫이다.

5월 14일

향기와 설득 효과

설득이 잘 되는 상황을 보면, 기분 좋은 음악이 들려올 때 (청각), 맛있는 음식을 먹었을 때(미각), 부드럽게 닿았을 때 (촉각), 아름다운 그림이나 이성을 봤을 때(시각), 향기로운 향이 났을 때(후각) 등에 우리는 설득당하기 쉬워진다. (…)

같은 부탁을 하는 데 있어서 좋은 향기가 나는 장소와 아무런 향이 나지 않는 장소를 놓고 봤을 때, (…) 좋은 향이 나는 상황에서 부탁했을 때의 승낙률이 훨씬 높았다.

― 나이토 요시히토, 『설득 심리학에서 답을 구하다』 중에서

✲✲ 삶은 설득의 연속이다. 언제 어디서든 누구를 만나든지 간에 설득하고 설득을 당한다. 누군가를 설득하기 위해서는 상대의 심리를 읽는 것이 우선이지만, 주변 환경 또한 설득 효과를 높이는 데 영향을 미친다고 연구결과는 말한다.

향기가 뇌로 전달되기까지는 단 0.2초밖에 걸리지 않는다고 한다. 좋은 향기를 맡으면 기분이 고양되는 호르몬 등이 분비되어 마음을 안정시키고 스트레스를 감소시켜 주는 효과도 얻을 수 있다. 닫힌 마음을 여는 데도 도움을 준다.

프랑스 향수 제조사인 모리스 루셀은 "당신의 향기는 당신의 메시지, 당신의 향기로운 슬로건입니다."라고 말했다. 은은하고 세련된 향이 있는 상황에서 설득을 진행해 보라. 전해지는 향기 그 이상의 가치 있는 설득의 결과를 가져올 것이다.

5월 15일

운동

한 주에 세 번, 30분씩 운동을 시작하라. 그러고 나서 시간이 허락한다면 한 주에 다섯 번, 45분간 운동해라. 자기 자신뿐만 아니라 주변 사람에게도 뚜렷한 효과가 나타날 것이다. (…)

정기적으로 근력 운동을 하라. 하버드 건강 뉴스레터에 따르면 근력운동은 '과거에는 노화의 피할 수 없는 결과라고 생각했던 근육 양, 뼈의 밀도, 체력 저하를 실제로 늦추어 주며 심지어는 더 젊어질 수 있도록 해 주는 거의 유일한' 운동이라고 한다.

- 도티 빌링턴, 『멋지게 나이 드는 법 46』 중에서

✻ 이 세상에 공짜로 얻어지는 것은 없듯이 건강도 마찬가지이다. 건강은 타고나는 것이 아니고, 열심히 노력한 결과물이다. 규칙적이고 활동적인 운동은 신체적 퇴보를 늦추거나 막아준다고 한다. 두뇌 회전 및 기억력 상승, 치매 예방, 스트레스 관리, 병의 저항력, 자존감 상승, 체중 감소 등 육체적, 정신적 그리고 감정적 안정에도 도움을 준다는 보고가 있다.

'건강한 신체에 건강한 정신'이라는 명언을 남긴 고대 로마의 풍자시인 유베날리우스는, 몸과 정신의 균형을 통해 몸과 정신을 건강하게 유지해야 한다고 말했다. 쇼펜하우어는, "우리 행복의 적어도 10분의 9는 오로지 건강에 달려 있다."라고 말하며 행복한 삶을 추구하는 과정에서 건강을 유지하는 일이 매우 중요하다고 강조했다.

늘 발전하고 성장하는 사람들은 운동을 꾸준히 하는 사람이 많다. 실천이 중요하다. 아무리 좋은 운동이라고 해도 실천하지 않으면 이론을 습득하는 것으로 그치기 쉽다. 오늘부터 당장 운동을 시작하라! 자신감 있고 가장 멋진 나의 모습을 사랑하자.

5월 16일

특별한 선물, 재능과 능력

하나님은 우리 모두에게 특별한 선물, 즉 재능과 능력을 주셨다. 우리가 재미있어하고 특별히 잘하는 것이 우리의 재능, 즉 하나님의 선물이다. 우리가 열중하는 것, 우리가 자연스레 끌리는 것이 우리에게 주어진 재능이다. 타고난 재능은 우리에게 바라는 하나님의 목적일 가능성이 크다. 하나님은 아무런 이유도 없이 우리에게 선물을 주시지 않기 때문에 이 세상에 불필요한 재능은 없다. 하나님은 어떤 특별한 목적이 있어 우리에게 그 재능을 주신 것이다.

－토이 아데몰라,『성경 속의 백만장자들』중에서

※ 저마다 잘하는 분야가 있다. 음악을 잘하는 사람, 춤을 잘 추는 사람, 글을 잘 쓰는 사람, 나눔을 잘하는 사람, 리더십이 있는 사람, 리쿠리팅을 잘하는 사람, 파는 일을 잘하는 사람, 강의를 잘하는 사람, 칭찬을 잘하는 사람, 유머 감각이 뛰어난 사람 등. 자신의 재능이 무엇인지 찾아내는 것은 중요한 일이다. 재능은 나의 잠재력을 최대한 발휘할 수 있게 도와주고, 좀 더 풍요로운 삶을 살 수 있는 도구이기 때문이다. 아무리 훌륭한 재능을 가지고 있더라도 사용하지 않으면 아무 소용이 없다. 더 많은 기회를 잡을 수 없다. 기회가 닿을 때마다 주어진 재능을 발휘할 수 있도록 최선을 다해야 한다.

『이어령의 마지막 수업』에서 선생님은 뒤늦게 깨달은 생의 진실은 "모든 게 선물이었다는 거죠. 마이 라이프는 기프트였어요. 내 집도 내 자녀도, 내 지성도…… 분명히 내 것인 줄 알았는데 다 기프트였어."라고 말했다. 선물은 소중한 것이다. 주는 사람의 마음이 담겨 있기 때문이다. 선물을 받으면 상대방에게 감사함을 느끼게 될 뿐 아니라 다른 사람들에게도 감동을 주는 일을 하고 싶은 동기부여를 부여한다. 나의 재능을 활용할 기회를 준다.

5월 17일

부지런히 일하라

좋아하는 일을 열정적으로 탁월하게 해내라. 그러면 경제적 성공은 따놓은 당상이다. 가장 잘하는 일에 집중하고, 탁월한 능력을 가진 전문가가 되고자 노력한다면 돈은 자연스레 따라온다. '탁월'(excel)이라는 단어는 '근면', 즉 부지런하다는 뜻이기도 하다.

모든 면에서 부지런하고 열심히 일하는 사람은 고결하고 위대하신 분 앞에 서게 될 것이다. 그런 사람은 결코 평범의 늪에서 허우적대지 않는다.

―토이 아데몰라, 『성경 속의 백만장자들』 중에서

※ 성공하겠다고 말하는 것과 성공을 위해 행동하는 것은 다르다. 아무리 위대한 꿈을 마음속으로 다짐했더라도 행동이 뒤따르지 않으면 그 꿈을 실현할 수 없다. 모든 행동이 성공을 낳는 건 아니지만 행동하지 않고 저절로 이루어진 성공은 아무것도 없다. 운명의 도둑이라 말하는 게으름은 수시로 끼어들어 방해한다. 목표한 계획들을 슬금슬금 훔쳐 간다. 조금 더 부지런히 움직이면 더 많은 행운을 잡을 수 있다. 세르반테스는 "근면은 행운의 어머니다."라고 말했다.

어떤 결과물을 얻으려고 하면 그에 상응하는 일을 해야 한다. 가치 있는 결과물을 얻으려면 가치 있는 일을 해야 한다. 늘 남들보다 한 걸음 앞서 나가며 당당히 역사에 이름을 남긴, 평생토록 일을 놓을 생각이 없었던 코코 샤넬은 "나에게는 일할 시간과 사랑할 시간이 있다. 그래서 다른 일을 할 시간은 없다."라고 말했다. 그녀에게 일이란 살아가는 가장 큰 이유였다.

5월 18일

꽃을 보내라

 상대를 설득하고 싶을 때 미사여구만으로는 충분한 효과를 낼 수 없는 경우가 많다. 그래서 호일러는 "말 외에 꽃도 보내라"라고 충고한다. '사랑한다'라는 말만으로는 충분하지 않기 때문에 실질적인 것을 더하면 좀 더 효과를 낼 수 있다고 일깨워준 것이다.

-우가야 마사히로, 『세상의 모든 법칙』 중에서

✼✼ 선물을 받고 기뻐하지 않는 사람은 없을 것이다. 받는 사람은 그 선물에 대한 의미를 부여하고 싶어 한다. 선물이 반드시 물질적인 것만을 의미하는 것은 물론 아니다. 하지만 물질은 상대방에 대한 마음을 표현하는 도구가 될 수 있다. 중요한 것은 그 선물에 내 마음이 얼마나 깃들어 있는가이다. '장미꽃을 전해준 사람에게는 장미향이 남아있다'라는 말도 있듯이. 진실한 마음의 바탕이 있다면 큰 선물과 작은 선물의 비중은 커다란 차이가 없다.

집과 정원에 관한 책으로 기억되고 있는 영국 작가 비벌리 니콜스는 "꽃향기에 압도당하는 것은 기분 좋은 패배의 한 형태이다."라는 유명한 말을 남겼다. 자신의 마음을 전달하는 도구는 여러 가지가 있다. 꽃을 보내는 것도 그중의 하나다. 중요한 설득을 해야 할 때 상대방에게 어울리는 꽃을 선물해보자. 때로 사소한 선물이 기대하지 않았던 큰 선물로 되돌아오기도 한다.

5월 19일

평소 하지 않던 행동

오늘 아침에는 평소와 다른 행동을 하나씩만 해보자. 활동적인 게 아니어도 좋다. 평소 하지 않던 행동 하나를 하는 것이다. 음악을 듣는다거나, 좋아하는 책을 아무 페이지나 펼쳐 한 구절을 읽는 등 여느 아침과는 다른 행동을 하는 단 1분, 그 사소한 변화가 뇌를 활성화해 즐거움을 느끼게 한다. 의도하지 않은 작은 행동 또는 무심코 시작한 일에 뇌가 자극을 받아 더 나은 미래를 맞이할 수 있게 되는 것이다.

―고토 하야토, 『나는 아침마다 삶의 감각을 깨운다』 중에서

✽✽ 때로 삶이 무미건조하게 느껴질 때가 있다. 특별한 이유 없이 잘 굴러가지 않는다는 생각이 든다. 그럴 때는 평소 하지 않던 행동을 시도해 보자. 어제와 다른 결과를 원하면 어제와 다른 행동을 해야 한다. 익숙한 상황과 행동을 좋아하는 뇌는 평소와 다른 행동을 하는 순간, 변화에 대처하고자 적극적으로 움직이게 된다고 한다. 계획에 없던 행동을 시작해 뇌가 활성화되었기 때문이다.

같은 현상도 다른 행동으로 접근하면 새로운 정보로 전환되어 들어온다. 1분 만이라도 다른 행동을 해보라. 즐거운 마음으로 움직이면 긍정적인 사고와 자신감도 생긴다. 음악을 들으면 활기찬 기운이 솟아난다. 좋은 책을 읽으면 정신적으로 고양된다. 똑같은 일이라도 다른 방법으로 시도한다면 다른 결과를 가져올 것이다.

"하루에 하나씩 모험을 하라. 하고 나면 기분이 엄청나게 좋아지는 사소하거나 과감한 행동을 감행하라." 심리학자 수전 제퍼스가 충고하듯이, 매일 아침 변화가 있는 모험으로 특별한 하루하루를 만들자.

5월 20일

초뷰카시대

뷰카VUCA라는 말은 변화의 속도가 빠르고 다양하게 전개되는 변동성volatility, 전개되는 변수가 많아서 예측이 어려운 불확실성uncertainty, 인과관계가 단순하지 않아서 다양한 요인이 서로 영향을 미치며 작용하는 복잡성complexity, 현상에 대한 전례가 없어서 판별하고 해석하는 것이 더욱 어려워지는 모호성ambiguity의 약자이다. 한마디로 미래는 더욱 불확실하고 복잡하고 모호해져서 예측할 수 없는 세상으로 전개되리라는 것을 의미한다.

— 윤정구, 『超뷰카 시대 지속가능성의 실험실』 중에서

※ 지금은 디지털 전쟁의 시대로서 현실 세계뿐만 아니라 가상 세계에서 벌어지는 일들이 합쳐져 일상이 되고 있다. 미래는 차원이 다른 현실과 가상이 모두 디지털로 전환되며, 변동성, 불확실성, 복잡성, 모호성이 폭증해 가는 초뷰카 세상이 뉴노멀로 등장한다고 말한다. 현실, 가상, 메타 플랫폼이 서로 영향을 주며 초융합, 초연결, 초지능으로 진화하는 초뷰카 시대가 된다는 것이다.

시대의 흐름을 놓치면 지속 가능하기가 불가능한 것은 기업뿐만 아니라 개인도 마찬가지일 것이다. 초뷰카시대를 살아내기 위한 나침반이 필요하다. 일하는 방식에 대한 생각의 전환도 필요하다. 초연결사회에는 플랫폼 비즈니스의 허브가 되는 일을 하라고 전문가들은 말한다. 정보화 사회에서 터미널에 머무를 것인지 허브로 들어갈 것인지는 각자의 몫이다. 성공으로 들어가는 문에는 '미시오'라는 표시가 붙어 있다!

5월 21일

일의 행복

'사람들이 일에서 행복하기 위해서는 세 가지가 필요하다. 일이 적성에 맞아야 하고, 일을 너무 많이 해서는 안 되며, 일에서 성취감을 얻을 수 있어야 한다.' - 존 러스킨John Ruskin
세 가지 조건 모두를 충족시키기 쉽지 않기에, 우리는 일로부터 잦은 스트레스를 받곤 합니다.

― 김선현, 『그림의 힘』 중에서

✱✱ 처음부터 적성에 맞는 일을 찾기란 쉽지 않다. 하다 보면 어느 순간 그 일에 익숙해지고, 자신이 찾던 일로 생각되는 순간이 올 때가 있다. 성취감을 얻을 수 있게 됨은 물론이다. 무조건 좋은 결과를 기대하며 앞만 보고 달릴 때, 남과의 비교를 의식하며 더 잘하려는 강박관념에 시달릴 때 스트레스를 받게 된다.

잠시 하던 일을 멈추고 한 발짝 물러나 다른 무언가로 눈을 돌려보라. 짧은 시간이라도 주목하는 대상을 바꿈으로써 재충전하는 시간을 가져보라. 지친 머리를 맑게 하고 일의 집중력과 에너지, 의욕을 자극해 일의 행복을 찾는 데 도움을 줄 수 있을 것이다.

"인간은 일하지 않을 수 없으며, 일은 행복의 진정한 원천이다."라고 톨스토이는 말했다. 소로는 "사람은 모든 할 일을 다 가지고 있지는 않지만, 무언가 할 일은 있다."라고 말했다. 우리는 일을 하며 자신의 재능과 능력을 발견할 수 있다. 일을 함으로써 삶의 목적과 의미를 찾으며 행복해질 수 있고, 성장할 수 있다. 우리가 하는 일이 바로 우리 자신이 되기 때문이다.

5월 22일

수확과 장미꽃

― 에드가 게스트(1881~1959)

규모가 작든 크든
온갖 꽃들이 피어나는
정원을 갖고 싶다면
허리 굽혀 땅을 파야 한다.

원한다고 해서 그냥 얻어지는 건
이 세상에 없으니,

우리가 원하는 그 어떤 가치 있는 것도
반드시 노력해서 얻어야 한다.

그대가 무엇을 추구하든지 간에
그 속에 감춰진 원리를 생각하라.
수확이나 장미꽃을 얻기 위해서는
누구나 끊임없이 흙을 파야만 한다.

― 고두현, 『처음 시작하는 이에게』 중에서

✽✽ 모든 결과는 수확과 같다. 지금의 내 현실은 과거에 땅을 파고 씨를 뿌리고 거두어들인 것과 같다. 지금 내가 하고 있는 일은 미래의 현실을 위해 씨를 뿌리고 있는 것이다. 내 삶에 '아름다운 정원'을 갖고 싶다면 끊임없이 흙을 파고 정성으로 관리해야 한다.

5월 23일

위대한 일

　위대한 일이란 그저 충동적으로 이루어지는 것이 아니라 연속되는 작은 일들이 하나로 연결되어서 이루어진다.
　그림이란 게 뭐냐? 어떻게 해야 그림을 잘 그릴 수 있을까? 그건 우리가 느끼는 것과 우리가 할 수 있는 것 사이에 서 있는, 보이지 않는 철벽을 뚫는 것과 같다. 아무리 두드려도 부서지지 않는 그 벽을 어떻게 통과할 수 있을까? 내 생각에는 인내심을 갖고 삽질을 해서 그 벽 밑을 파내는 수밖에 없는 것 같다. 그럴 때 규칙이 없다면, 그런 힘든 일을 어떻게 흔들림 없이 계속해 나갈 수 있겠니? 예술뿐만 아니라 다른 일도 마찬가지다. 위대한 일은 분명한 의지를 갖고 있을 때 이룰 수 있다. 결코 우연으로 되는 것이 아니다.

-빈센트 반 고흐, 『반고흐, 영혼의 편지』 중에서

※※ 예술뿐만 아니라 어떠한 일도 노력 없이 우연으로 얻어지는 것은 없다. 하나하나의 작은 전환점들이 이어져 인생이 되듯이, 위대한 일은 작은 일들 하나하나가 연결되어 이루어지는 것이다. 작은 일들은 당장에 눈에 띄는 것은 아니지만, 하나둘씩 축적되고 있다. 나는 가끔 더치 커피 한 병을 산다. 원두커피 한 방울 한 방울이 떨어져 장시간이 지나면 어느 순간 한 병이 채워지는 인내의 미덕을 느낄 수 있어서다. 인내는 쓴맛을 부드럽게 한다.

돈 맥클린의 노래 '빈센트'를 귀 기울여 다시 들어보았다. 고흐의 작품과 일생을 떠올리게 하는 묘사로 가득한 가사이다. 그는 자살로 생을 마감할 때까지 37년이라는 생애 동안 늘 고독과 지독한 가난에 시달리며 879점의 그림과 668통이 넘는 편지를 주고받았다.

"진정한 화가는 양심의 인도를 받는다. 화가의 영혼과 지성이 붓을 위해 존재하는 게 아니라 붓이 그의 영혼과 지성을 위해 존재한다. 진정한 화가는 캔버스를 두려워하지 않는다. 오히려 캔버스가 그를 두려워한다." 그는 힘은 분명한 의지에서 나온다는 메시지를 남겼다.

5월 24일

사과팔기 실험

사과 두 개씩을 묶어서 쌍으로 파는 실험에서 한 실험자는 "금방 따온 맛 좋고 싱싱한 꿀 사과가 두 개에 천 원이요"라고 말하며 팔았고, 다른 실험자는 "둘이 먹으면 사랑이 돈독해지는 커플 사과가 천 원이요"라고 말하며 팔았을 때, 사랑의 커플 사과의 스토리로 프레임을 지은 사과 장수 실험자가 첫 번째 사과 장수보다 주어진 시간에 매출을 여섯 배 더 올렸다. 광고를 위한 글자 수는 두 실험에서 똑같이 25자였다.

－윤정구,『超뷰카 시대 지속가능성의 실험실』중에서

※ 사람들은 자신이 하고 싶은 일을 해내지 못했을 때, 누군가가 그 일을 행동으로 이뤄내는 모습을 보면 감동한다. 해낸 것에 대한 존경심을 가지게 된다. 진정성 있는 스토리는 사람들에게 진한 감동을 준다. 특히 자기 삶에서 체험한 소재일 경우 그 스토리는 한 차원 높은 가치 있는 체험이 되어 다양한 모습으로 확대된다.

기업뿐만 아니라 개인에게도 체험은 가치를 창출하는 스토리가 될 수 있다. 미래의 사회에서 어떤 상품이나 서비스를 넘어서 가치에 대한 체험까지 팔 수 있어야 한다고 말한다. 물건의 품질을 강조하는 방문판매 방식과 스토리를 통해서 판매하는 네트워크 마케팅과의 차이와도 같다. 가브리엘 돌란의 공동 저서인 『팩트보다 강력한 스토리텔링의 힘』이라는 책의 들어가는 글에 호피족의 격언이 나온다. "스토리를 말하는 자가 세상을 지배할 것이다."

세상을 지배할 나만의 스토리를 만들어 가라.

5월 25일

지금의 환경이 다이아몬드

사람은 누구나 주어진 환경 속에서 더 크게 성공할 수 있다. 지금의 능력과 힘으로, 그리고 지금의 주위 사람들과 더불어 더 크게 성공할 수 있다.

- 러셀 콘웰, 『나의 다이아몬드는 어디에?』 중에서

✱✱ '사람은 누구나 현재의 환경 속에서 자신의 다이아몬드를 찾을 수 있다'고 말한다. 여기서 다이아몬드는 진정한 부(富)와 성공(成功)을 의미한다. 투명도(Clarity)가 높은 다이아몬드일수록 가치가 높다고 한다. 이 세상에는 투명한 다이아몬드처럼 보통 사람의 눈에는 잘 띄지 않는 위대한 사람이 많이 있다. 나의 가족, 나의 이웃, 지금 나와 함께 길을 걷고 있는 사람들이 그들이다. 그리고 나 자신이다. 그들이 수시로 건네주는 말속에, 함께 하는 삶 속에 힌트가 들어 있다. 그것을 그냥 지나쳐서는 안 된다. 내 안의 다이아몬드 광산을 드러나게 해 줄 사람은 바로 그들이기 때문이다.

사람들은 늘 현재의 가진 것에 감사하기보다는 그 이상의 것을 바라는 경향이 있다. 가지고 있지 않은 것에 대해 집착할 때가 많다. 하지만 많은 사람들이 기다리는 완벽한 환경은 절대 찾아오지 않는다. 상황이 늘 내가 바라는 좋은 환경일 수만은 없는 것이다. 오랫동안 준비해서 큰 성공을 하려고 마음먹기보다 현재의 환경 속에서 지금 가진 것으로 노력하면서 크게 성공할 꿈을 품는 것이 낫다. 지금 할 수 있는 만큼 최선을 다하는 것으로 충분하다. 러셀은 메시지를 남겼다. "모든 선한 일은 이루어질 수 있다. 바로 이 자리에서, 그것도 지금!" 지금의 현실은, 부족하고 초라해 보이는 현실은, 바로 내가 찾고 있는 다이아몬드다!

5월 26일

반복의 힘

1860년 영국의 철학자 조지 루이스는 이렇게 썼다.

"새로운 언어를 말하는 것, 악기를 연주하는 것, 익숙하지 않은 움직임을 배울 때 가장 어려운 것은 '느낌'이다. 각 감각들이 전달되는 경로들이 확립되지 않았기 때문이다. 자주 반복함으로써 길을 만들면 어려움은 사라진다. 그 행동들은 다른 곳에 마음이 쏠려 있어도 자동으로 수행할 수 있게 된다."

― 제임스 클리어, 『아주 작은 습관의 힘』 중에서

⁂ 세상에서 어려운 것 중의 하나가 '반복'이다. 당장 효과가 나타나지 않는 지루한 일을 오랜 시간 반복하기란 더욱더 어려운 일이다. 많은 사람들이 쉽게 포기를 선택하는 이유이다. 처음의 결심을 끝까지 지키려면 흔들리지 않는 믿음과 반복된 연습이 필요하다. '지속적인 선행이 순간적인 열정보다 낫다'라도 말도 있듯이. 습관은 지속적인 연습과 반복된 행동을 통해 만들어진다. 수많은 좋은 아이디어를 찾아내는 것보다 중요한 것은 '행동'이다.

나는 한때 새벽 3시 기상을 목표로 한 적이 있다. 나폴레옹이 가장 드문 용기라고 말했던 새벽 3시의 용기! 여기에는 이유가 있다. 방안에서 바로 건너편 교회 십자가의 불이 매일 3시에 켜진다는 것을 관찰을 통해 알아냈다. 특별한 날을 제외하고 지금도 실행하고 있는 습관이다. 어둠 속에 유일하게 빛나는 불빛을 바라보며 나는 오늘 하루도 행복하게 시작할 수 있음에 감사하는 마음을 드린다.

반복은 재능을 앞선다는 말이 있다. 습관은 '시간'이 아니라 '횟수'에 기반해 형성된다는 것이다. 아무리 강조해도 지나치지 않은 말이다.

5월 27일

피그말리온 효과

피그말리온은 매우 뛰어난 조각가였다. 그는 조각을 하면서 여자의 결점을 너무나도 많이 보았기 때문에 마침내 여성을 혐오하게 되었고, 한평생 독신으로 지내기로 결심했다. 어느 날 그는 상아로 여자의 입상을 조각하고 있었는데 정교하고 아름답게 만드는 솜씨는 그 누구도 따를 수 없을 정도였다. 조각상은 마치 살아 있는 처녀가 수줍어하는 듯했다.

피그말리온은 매일같이 자신의 작품을 보고 감탄하거나 조각인 처녀를 사랑하게 되었다. 그리고 아프로디테 여신에게 빌었다.

"여신이여, 원컨대 제가 저 상아 처녀 같은 여인을 아내로 맞게 해 주십시오!"

아프로디테는 피그말리온의 소원을 듣고 그가 원하는 참뜻을 알았다. 집으로 돌아온 피그말리온은 그의 조각을 보러 갔다. 그는 소파에 기대어 조각을 살펴보았다. 그러자 조각의 입술에 온기가 도는 것 같았다. 소원이 이루어졌다는 것을 안 피그말리온은 처녀의 입술에 자신의 입술을 갖다 댔다. 처녀는 키스를 받자 얼굴을 붉혔다. 아프로디테는 자기가 맺어준 두 사람의 결혼을 축복해 주었다.

― 오비디우스, 『변신이야기』 중에서

✻✻ 피그말리온 효과는 피그말리온처럼 간절히 원하고 긍정적으로 기대하면 상대방은 기대에 부응하는 행동을 하고 기대에 충족되는 결과가 나오게 되는 현상을 말한다(본문 인용). 타인의 기대나 관심으로 인하여 능률이 오르거나 결과가 좋아지는 현상으로 로젠탈효과, 자기충족적 예언이라고도 한다(두산백과 두피디아).

생각은 자신뿐 아니라 타인을 변화시키는 데에도 큰 영향을 끼친다는 것을 알려준다. 일이 잘 풀릴 것으로 생각하고 믿으면 그에 부합하기 위한 행동을 변화시켜 실제로 기대한 바를 이루어지게 하는 것이다. 긍정적 자기충족적 예언이나 생각과 관심, 기대는 놀라운 좋은 결과를 가져다준다.

5월 28일

몰두

나에게 어떤 아이디어가 번득일 때,
섬광과 같은 영감이 떠오를 때,
나는 아버지와 어머니, 아내와 형제도 멀리할 것이다.
나는 문설주에 '생각 중'이라고 적어놓을 것이다.
그리고 그 섬광 같은 영감이 일시적인 생각으로 끝나지 않도록,
좀 더 나은 무엇으로 발전시키기 위해 몰두할 것이다.

　　　　　　　－랄프 왈도 에머슨,『세상의 중심에 너 홀로 서라』중에서

✲✲ 살아가면서 누구에게나 멋진 아이디어는 수없이 찾아온다. 그런 멋진 아이디어는 저절로 생겨난 게 아니다. 내가 평소에 관심을 갖고 있던 것, 열정을 갖고 지켜보던 일과 관련된 일들에서 비롯된 것일 경우가 많다. 마치 전혀 해결될 것 같지 않은 골치 아픈 문제가 숙련된 전문가의 손 도구 하나로 완벽히 해결되는 것처럼. 모두가 그동안 내가 끊임없이 주의를 기울여온 노력에서 기인한 결과이다.

번개처럼 스치는 섬광과 같은 영감은 하늘이 내게 준 선물이다. 나에게 떠오른 영감에 대해 어떤 모습으로 그려질지 말로만 설명하고 이루어지기를 기다려서는 안 된다. 아무리 좋은 아이디어라도 내가 발전시키지 않으면 더 이상 작동하지 않는다. 다른 곳으로, 그 멋진 아이디어를 발전시킬 누군가에게로 가버린다. 에머슨은 "위대한 재능은 영혼의 소리에 귀 기울이는 사람에게 되돌아온다."라고 말했다. 진짜 내가 생각만 해도 홀딱 반할만한 아이디어가 있다면…그게 진짜 내가 원하는 것이라면… 밀어붙여야 한다. 몰두해야 한다. 나의 작품을 탄생시키기 위해 노력해야 한다.

5월 29일

"사랑해"라고 외쳐보기

　인생은 사람들이 서로서로 관심을 갖고 사랑하는 과정입니다.
　다른 사람이 '추측'으로 당신의 사랑을 눈치채게 하는 것은 스무 고개만큼 즐거운 일이 아닐 수도 있습니다.
　지금 바로 말하세요. 망설이지 말고요.
　"사랑해."
　이 세 음절의 단어를 입 밖으로 내는 것을 두려워하지 마세요.
　각박한 세상이 씌워주었던 철가면을 잠시만이라도 벗어보세요.

－탄줘잉, 『살아 있는 동안 꼭 해야 할 49가지』 중에서

✱✱ 우리는 늘 쫓기듯이 살아간다. 살아 있는 동안 해야 할 일들이 많기 때문이다. 그러다가 어느 날 문득 자신이 이 세상을 떠날 때 후회하게 될 것 같은 일을 생각해 보는 순간이 찾아온다. 살아오면서 잃어버린 많은 분실물을 새삼 깨닫게 된다. 많은 사람이 사람들에게 잘해 주지 못한 점 때문에 후회한다고 한다. 특히 가까운 사람들과 더 많은 시간을 함께 하지 못하고, 따뜻하게 대하지 못했던 걸 가슴 아프게 생각한다고 한다.

행복은 거창하고 위대한 그 무엇에 있지 않다. 우리가 간과할 수도 있는 작고 사소한 것에서도 큰 행복을 찾아낼 수 있다. 행복은 발견하는 것이다. 우리 인생은 사랑하는 시간만 누리기에도 길지 않다. 살아 있을 때, 할 수 있을 때 꼭 실행해야 할 일이 있다. '사랑해'라고 말하기! 용기를 내야 한다. 톨스토이는 『살아갈 날들을 위한 공부』라는 책에서 "우리는 우리가 한 일에 대해서가 아니라 올바로 하지 않았던 일에 대해서 후회한다."라는 잠언을 남겼다. 사랑은 표현하는 것이다. 소중한 사람들에게, 지금 나와 함께 하는 사람들에게, 그리고 나 자신에게도 가슴속에 담아두고만 있던 그 말을 표현해 보자. 지금 바로!

5월 30일

풍요를 위한 명상

아래 문장을 반복해 말함으로써 주기와 받기가 풍요롭게 흐르는 통로를 열 수 있다.

나는 모든 방식으로 지지받고 있으며,
이는 금전적으로도 마찬가지다.
내 재능을 세상에 나눌 때,
나는 내가 풍요를 누릴 자격이 있음을 알고
나 자신을 활짝 열어 기꺼이 그것을 받는다.
나는 내가 풍요가 흐르는 통로가 되도록 허용한다.
그때 그것이 나를 채워주고,
나는 내가 만나는 모든 이들에게 도움이 될 수 있다.

─아니타 무르자니, 『두려움 없이, 당신 자신이 되세요』 중에서

✱✱ 주는 것보다 받는 것을 더 힘들어하는 사람이 있다. 그들은 누군가로부터 뭔가를 받으면 그 즉시 호의를 되갚아야 할 것 같은 부담감을 느낀다. 내가 뭔가를 끊임없이 주기만 할 때 진심에서 우러나와서 하는 행동인지 정직해질 필요가 있다. 솔직하게 원해서 기쁜 마음으로 하는 것인지, 상대방에게 잘 보이기 위해서 나 자신을 희생하고 있는 건 아닌지 살펴봐야 한다. 주는 사람은 주기만 하고 받는 사람은 받기만 한다는 말도 있듯이.

잘 주고받으려면 나 자신이 잘살고 있어야 한다. 받기를 허용한다는 것은 자신이 풍요를 누릴 자격이 있다고 느낀다는 뜻이다. 제리 힉스와 함께 『유인력, 끌어당김의 법칙』을 쓴 에스더 힉스는 이런 점을 다음과 같이 표현했다. "당신이 아무리 아픈들 아픈 사람들의 회복에 도움이 되지 않는다. 당신이 아무리 가난해진들 가난한 사람들이 부자가 되는 데 도움이 되지 않는다. 오직 당신이 잘살고 있을 때만 누구에게든 무엇이 됐든 줄 수 있다."

5월 31일

리바이스 청바지 신화

　1880년 미국 서부에 골드러시 붐이 일자 당시 스무 살이었던 리바이 스트라우스도 이 대열에 합류해 캘리포니아로 떠났다. 하지만 현장에 도착해 보니 금을 찾는 사람들의 생활은 꼴이 말이 아니었다. 리바이는 고민 끝에 금에 대한 욕심을 버리고 생활용품 파는 가게를 열었다. 그의 가게에는 야영용 천막과 마차 덮개로 쓸 수 있는 캔버스 천도 있었다. 하루는 가게에 들른 광부가 캔버스 천을 보고 별 생각 없이 이렇게 말했다.
　"와, 이 천으로 바지를 만들면 정말 질기겠는걸. 면바지는 너무 빨리 찢어져서 말이야."
　이 말은 그대로 리바이의 귀에 꽂혔다. 그는 곧장 캔버스 천으로 바지를 만들어 판매하기 시작했다. 역시 광부의 말이 맞았다. 바지는 광부들 사이에서 엄청난 인기를 끌었다.
　제법 돈을 모은 리바이는 정식으로 의류점을 열고 바지를 대량생산하여 팔았다. 힘한 일을 하는 광부들의 특성에 맞춰 디자인도 바꾸었다. 엉덩이에 주머니를 달고, 잘 찢어지는 주머니 모서리 부분에는 금속으로 된 리벳을 박았다. 또 구리와 아연 합금으로 만든 단추를 달고, 잘 닳는 부분에는 가죽을 덧댔다. 그 후 리바이는 프랑스 님 지방에서 생산되는 저지 원단을 사용해 바지의 디자인을 좀 더 멋지게 개선했다. 리바이스 청바지는 이렇게 탄생되었다.

  －양태석, 『이야기 속에 담긴 긍정의 한 줄』 중에서

❋ 100년이 훌쩍 지난 오늘날에도 금광은 존재한다. 그곳은 특정한 장소가 아닌 지금 내가 있는 여기일 수도 있다. 금광은 바로 '기회포착'과 '아이디어 실행'이다. 기회는 수시로 찾아온다. 누군가의 한마디가 나의 금광이 될 수도 있다. 중요한 것은, 기회를 포착하려면 늘 관심을 갖고 준비를 하고 있어야 한다는 것이다. 다른 사람들이 가는 길로 어울려 따라가면 새로운 아이디어를 떠올리기가 쉽지 않다. 나만의 창의적인 발상은 남들이 가지 않은 좁은 길로 향할 때 가능하다. 세상에는 기회를 보는 사람과 기회를 '잡는' 사람이 있다. '이것이다' 외쳤다면 잽싸게 잡아챌 것!

365
혼자서 함께 하는 여행

6월 June

◇ 1일　같은 행동 반복
◇ 2일　배움에 늦음이란 없다
◇ 3일　인생 10훈
◇ 4일　웃음의 세 가지 요소
◇ 5일　얼굴은 남에게 보이기 위한 것이다
◇ 6일　헌신
◇ 7일　소중한 사람
◇ 8일　클리셰
◇ 9일　위기와 기회는 항상 함께 다닌다
◇ 10일　메신저
◇ 11일　유레카
◇ 12일　날마다, 꾸준히, 계속
◇ 13일　매력자본
◇ 14일　신뢰
◇ 15일　도서관
◇ 16일　나는 왜 이 일을 하는가
◇ 17일　인생을 멋지게 사는 비결
◇ 18일　신경 끄기
◇ 19일　1등
◇ 20일　가장 소중한 것을 지금 하라
◇ 21일　세렌디피티
◇ 22일　후츠파
◇ 23일　250 법칙
◇ 24일　가장 강력한 보상
◇ 25일　4분의 3이 죽어 있는 상태
◇ 26일　플랫폼
◇ 27일　함께 어울리는 사람들
◇ 28일　혼자서 함께 하는 여행
◇ 29일　어제의 나
◇ 30일　좋아하는 것과 사랑하는 것의 차이

6월 1일

같은 행동 반복

　같은 행동을 반복하면서 다른 결과를 기대할 수는 없다. (…) 사람들은 아무런 변화 없이 반복되는 생활을 힘들어하면서 어떻게든 벗어나고자 합니다. 하지만 그것은 대개 생각에서 그쳐버리고, 어제와 똑같은 행동을 오늘도 내일도 되풀이하며 살아가는 것은 왜일까요? 사는 게 너무 힘들어 죽겠다고 하면서도 막상 변화를 요구하면 이리저리 재고 망설이다 그냥 원 상태로 되돌아오는 이유가 무엇일까요? (…)
　관성화된 습관이나 행동을 바꾸는 것은 쉽지 않습니다. 하지만 행동을 바꾸지 않고는 변화를 기대할 수 없습니다.

-고든 리빙스턴,『너무 일찍 나이 들어버린
너무 늦게 깨달아버린 1』중에서

✱✱ 삶은 '반복'의 연결이다. 사람들은 같은 행동을 반복하며 현재 있는 그대로의 삶을 즐기고 싶어 한다. 아리스토텔레스는 "인간은 특별한 방식으로 계속해서 행동함에 따라서 특별한 자질을 획득한다."라고 했다. 자신이 반복해서 행동하며 얻은 결과가 지금의 모습이다.

결과가 만족스럽지 못하다면 새로운 변화를 추구해야 한다. 늘 하던 대로만 하면 늘 같은 결과만 얻는다. 오랜 기간 지속해 오던 행동을 바꾸기란 쉬운 일이 아니다. 편안하고 익숙함에 길들여 있기 때문이다. 하지만 다른 결과를 기대하려면 다른 행동을 반복해야 한다. 변화하겠다고 결심해야 한다. 그렇지 않은 한, 지금까지 살아온 일상에서 탈출할 수가 없다. 아인슈타인은 "어제와 똑같이 살면서 다른 미래를 기대하는 것은 정신병 초기증세이다."라고 경고하며 행동의 변화를 촉구했다. 오래된 나와의 이별, 그것은 누구도 아닌 나 자신만이 할 수 있는 일이다.

6월 2일

배움에 늦음이란 없다

　괴테는 <파우스트> 2부를 76세에 시작했고, 역시 76세에 클로드 모네는 <수련> 연작을 그렸다. 거장들의 명품 바이올린의 대명사 안토니오 스트라디바리는 83세에 생애 최고 명품을 만들었고, 알프레드 히치콕은 그의 대표작 <사이코>를 61세에 찍었으며, 세르반테스는 생활고에 시달리다 58세에 감옥에서 <돈키호테> 집필을 시작했고, 코코 샤넬은 71세에 다시 디자인샵을 열어 재기발랄한 크리스티앙 디오르 등과 경쟁하며 불과 5년 만에 재기했다….

-캔터키 할아버지 커넬 샌더스,
『1008번의 실패 1009번째의 성공』 중에서

✼✼ 나이가 들수록 뭔가를 시작한다는 것은 어렵다는 고정관념에 맞닥뜨린다. 하지만 새로운 것을 배우는 일은 나이에 상관없이 항상 어렵다. 배움에 늦음이란 없다. 우리가 늦었다고 생각하는 나이임에도 불구하고 배움을 지속하고, 새롭게 시작하여 꿈을 이루어 내는 사람들을 우리 주위에서도 얼마든지 볼 수 있다. '패자들은 언제나 자신의 실패를 환경 탓으로 돌린다. 하지만 승자들은 자신이 처한 상황을 적극적으로 활용해 성공의 발판으로 삼는다.'라는 성공자의 말처럼 이제까지 걸어온 자신의 길을 이용해 은퇴가 아닌 인생의 꽃을 피우는 사람도 있다. 66세에 맞은 파산 앞에서 다시 결단하고 '캔터키 후라이드 치킨' 사업을 시작하며, 1008번이나 거절을 당한 끝에 성공을 이루어낸 샌더스는 이렇게 말했다.

"할 수 있다고 생각하기 때문에 할 수 있는 것이다."

『히든 해빗』의 저자 크레이그 라이트는 다음과 같이 말했다. "오래 살고 싶으면 열정을 쏟을 대상을 찾아라. 힘을 내라. 창의적이지 못할 정도로 너무 늦을 때는 없기 때문이다." 괴테의 말도 같은 맥락이다. "무언가를 비난하기에 나는 나이를 너무 많이 먹었다. 그러나 무언가를 행하기에는 나는 아직 충분히 젊다." 요컨대 나이는 성공하는 것과 부자가 되는데 필수조건이 아니다. 중요한 것은 얼마나 많은 열정과 노력을 쏟을 수 있는가이다.

6월 3일

인생 10훈

일하기 위해 시간을 내라. 그것은 성공의 대가이다.
생각하기 위해 시간을 내라. 그것은 능력의 근원이다.
운동하기 위해 시간을 내라. 그것은 끊임없이 젊음을 유지하는 비결이다.
독서하기 위해 시간을 내라. 그것은 지혜의 근원이다.
친절하기 위해 시간을 내라. 그것은 행복으로 가는 길이다.
꿈을 꾸기 위해 시간을 내라. 그것은 대망을 품는 일이다.
사랑하고 사랑받기 위해 시간을 내라. 그것은 구원받은 자의 특권이다.
주위를 살펴보는데 시간을 내라. 이기적으로 살기에는 하루가 너무 짧다.
웃기 위해 시간을 내라. 그것은 영혼의 음악이다.
기도하기 위해 시간을 내라. 그것은 인생의 영원한 투자이다.

―레프 톨스토이, 『살아갈 날들을 위한 공부』 중에서

✽✽ 살면서 가장 필요하고 중요한 인생의 주제들이 참 많다. 일, 생각, 운동, 독서, 친절, 꿈, 사랑, 주위 살펴보기, 웃기, 기도하기 이외에도 행복, 배움, 신뢰, 믿음, 건강, 환경, 두려움, 용기, 거절, 대인관계, 친절, 용서, 사랑, 인내, 기쁨 등 삶의 열정을 주는 긍정적인 태도를 배워야 한다.

더불어 비난, 비평, 불만, 시기, 질투, 실패, 포기, 우유부단, 게으름 등 부정적인 태도를 극복하는 방법도 배워야 할 것들이다. 작은 일 하나라도 이루려면 시간을 내야 하듯이, 이 모든 것을 잘하기 위해서는 시간을 내어 노력해야 한다.

6월 4일

웃음의 세 가지 요소

밝다
이것은 가장 중요한 기본으로 건축의 기초 공사에 해당한다. 이는 불안감이 없는 삶의 태도이며, 그러기 위해서는 낙관적인 생각을 하고 늘 감사하는 마음으로 살아야 한다. (…)

따뜻하다
두 번째는 웃음을 짓는 사람에게서는 따뜻한 느낌이 전달된다. 따뜻함의 원천은 사랑이며, 사랑은 '내가 아닌 남이 행복해지기를 바란다. (…)

활기 있다
세 번째는 활기 있는 웃음을 지어야 한다는 점이다. 활기 있고 눈빛이 빛나는 사람의 인생에는 꿈과 목표가 있다.

―노사카 레이코, 『웃음은 빙산도 녹인다』 중에서

❋❋ 웃는 얼굴을 보면 행복해진다. 웃음은 사람들을 편안하게 해주고 배려하는 마음을 표현하는 것이다. 내가 웃는 얼굴로 대하면 웃음은 부메랑이 되어 돌아온다. 때로 웃는 얼굴은 장황한 말의 위력보다 더 강한 긍정에너지를 끌어내어 삶의 열정을 깨운다.

인생의 성공은 하루의 성공에서 시작되고, 하루의 성공은 아침의 '질(質)'에 달려 있다고 말한다. 시작이 즐거우면 하루 종일 좋은 일들이 생기는 경험을 했을 것이다. 웃음은 에너지이다. 인생을 바꾸려면 하루를 웃으며 시작하라! 억지로라도 많이 웃자.

6월 5일

얼굴은 남에게 보이기 위한 것이다

우리는 스스로 자신의 얼굴을 보는 것은 불과 수십 분이지만, 그 몇 배, 몇 십 배의 시간을 다른 사람에게 보여진다. 그렇게 생각하면 얼굴이란 자신의 것일지라도 자신을 위한 것이 아니라 '다른 사람에게 보이기 위한 것'이라는 사실을 깨달을 수 있다. 그리고 얼굴은 마음의 모습을 나타내기 때문에 인간은 다른 사람과 얼굴을 마주하는 순간, 마음이 전해져 이미 커뮤니케이션이 시작된다고 할 수 있다.

− 노사카 레이코, 『웃음은 빙산도 녹인다』 중에서

✼✼ 얼굴의 어원을 살펴보면 얼(정신)+꼴(형태)의 합성어로 보는 의견이 있다(나무위키). 즉 정신이 담긴 형태, 그릇이라는 의미이다. 얼굴은 마음의 창이라고 하듯 얼굴은 마음의 모습을 반영한다. 얼굴은 그 사람의 이력서와도 같아서 살아온 인생과 인격, 성격을 나타낸다. 또한 캔버스와도 같아서 망설임, 분노, 놀람, 슬픔, 기쁨 등 지금 마음의 감정 상태를 표정으로 그리기도 한다. 나의 얼굴은 내 인생을 그리는 풍경화다.

가끔 표정이 안 좋은 사람을 만나면 나도 모르게 피하고 싶고 기분이 가라앉을 때가 있다. '자신의 얼굴은 자신이 보기 위한 것이 아닌 모두에게 보여지기 위한 것이다.' 가리노 마코토는 「미소 독본」에 실린 '주위를 밝게'라는 글에서 말했다. 나의 얼굴이 어떤 모습으로 선택될지는 나의 선택에 의해서가 아닌 상대방의 결정에 의해서다. 그리고 상대방에 의해 결정된 나의 표정에 따라 내 인생은 달라질 수 있다. 늘 긍정적인 마음으로 밝고 환한 얼굴을 갖도록 노력하자.

6월 6일

헌신

나는 등반가 W.H. 머레이가 한 말을 참 좋아한다.
사람이 어떤 것에 전념하게 될 때까지는 망설임, 도중에 그만둘 가능성, 무력함이 언제나 존재한다. 무언가를 앞서 시작하고 창조하는 모든 행동과 관련해서 우리가 염두에 두어야 하는 근원적 진실이 한 가지 있다. 그것을 무시하면 수없이 많은 아이디어와 훌륭한 계획이 사라져버리는 그 진실은 바로, 우리가 무엇인가에 자신을 오롯이 바치는 순간 하늘도 움직인다는 것이다.

— 오프라 윈프리, 『내가 확실히 아는 것들』 중에서

✷✷ '하늘은 스스로 돕는 자를 돕는다'라는 말은, 하늘은 열심히 노력하는 사람을 성공하게 만든다는 의미를 담고 있다. 사람 또한 마찬가지다. 노력하는 사람에게는 손을 내밀고 싶은 법이다. 도움을 얻는 가장 쉬운 방법은 내가 먼저 스스로 노력하는 모습을 보이는 것이다. 원하는 것이 무엇인지 결의·결단한 후에는, 그것을 실행하는 데 온 힘을 다해야 한다. 집중하다 보면 막상 어렵게 느껴지는 일들도 생각보다 쉽게 잘 풀리는 경우가 있다는 것을 알 수 있을 것이다. 그 과정에서 사고의 확장이 일어나 새로운 기회를 만날 수도 있다.

"당신이 결정을 내리기 전까지는 어떤 변화도 일어나지 않습니다." 이런 멋진 조언처럼, 중요한 것은 내가 먼저 결정을 내리고 시작하는 것이다. 대담하게!

6월 7일

소중한 사람

 만날 수 없게 되었을 때 비로소 그 사람이 나에게 얼마나 소중한 존재였는지 알게 된다. 슬픔에 젖어 흘려보내는 시기가 지난 후 문득 당신은 깨닫는다. 그 사람이 당신의 마음속에 항상 살아 있었다는 것을. 멀리 떨어져야 비로소 당신은 알게 될 것이다. 그 사람한테 받은 것들의 크기를. 당신은 그것을 늘 마음에 품고 살아간다. 둘도 없이 소중한 그 사람의 존재를 가슴속에 언제나 따뜻하게 느끼면서.

―노자키 치에·오하시 카즈아키, 『단계별 성공 명언 100』 중에서

❊ 기쁘거나 슬픈 일이 있을 때, 아름다운 풍경을 보거나 잘 차려진 음식을 먹을 때 등 내 삶의 모든 것을 함께 나누고 싶은 사람이 있다. 나를 소중히 여기고 있는 그 사람이다.

미국의 여류시인 엘라 휠러 윌콕스는 "우리는 잘 모르는 사람은 칭찬하고 뜨내기 손님을 즐겁게 해주지만, 정작 사랑하는 사람에게는 생각 없이 무수히 많은 상처를 입힌다."라고 말했다. 우리는 지나가는 사람들에게는 한없이 친절하다. 하지만 언제나 늘 내 곁에 머물며 나를 응원해 주고 나의 행복을 바라는 사람들한테는 소홀한 경향이 있다. 우리가 진정으로 칭찬하고 즐겁게 해주어야 할 사람은 바로 그 사람인데도 말이다.

살다 보면 가까울수록 보이는 결점들도 눈에 더 잘 띈다. 그것을 즉시 없애려고 다른 사람들과 비교하며 서로에게 상처를 주기도 한다. 서로에게 공감하고 배려하며 기다릴 때 조금 더 성숙한 모습으로 함께 성장할 수 있을 것이다.

많은 성공자는 가족이나 가까운 사람들로부터 인정받을 때 가장 행복하다고 말한다. 행복은 멀리 있지 않다. 지금 나와 함께 하는 사람에게 내가 먼저 따뜻한 마음을 전하자.

6월 8일

클리셰

싱크대 수리공에서 시가 10억 달러 가치의 회사를 만든 셰이 칼Shay Cart은 이렇게 말한다. "인생의 비밀은 '클리셰cliché'라는 단어 뒤에 숨어 있다."

-팀 페리스, 『타이탄의 도구들』 중에서

✼✼ 클리셰(cliché)란 진부하거나 틀에 박힌 생각 따위를 이르는 프랑스어다. 우리는 매일 클리셰를 만난다. 판에 박힌 대화, 전형적인 표현, 오래도록 들어왔던 믿음들, 귀에 박히도록 들었던 말들에서. 지극히 평범하고 너무도 익숙한 내용이라서 새롭게 다가오지 않을 수도 있다. 그렇기 때문에 마음으로 받아들이는 데 더 많은 시간이 걸릴 수도 있다. 그럼에도 불구하고 클리셰가 계속 사용되는 이유는, 클리셰 안에 인생의 비밀이 담겨 있기 때문으로 여겨진다.

어떤 말이 계속 반복된다면 잔소리로 들릴 수도 있다. 하지만 그만큼 중요한 무언가를 담고 있는 메시지일 수도 있다. 조금은 더 열린 마음으로 받아들이는 지혜를 가져보자. 어느 날 갑자기 무의미하게 지나쳤던 뭔가가 결정적으로 나의 생각을 바꾸어 놓기도 한다.

랄프 왈도 에머슨은 "지혜의 변하지 않는 특징은 평범한 속에서 기적을 보는 것이다."라는 멋진 말을 했다. 사람들은 살아가면서 특별한 기적을 바란다. 하지만 기적은 크고 거창한 곳에만 있는 게 아니다. 기적은 내가 발견하는 것이다. 매일매일의 일상에서, 지금 하는 일에서 언제 어디서나 그것은 모든 순간에 숨어있다. 조금만 주의를 기울인다면 나만의 보석을 발견할 수 있을 것이다. 평범함 속에 비범함이 있다!

6월 9일

위기와 기회는 항상 함께 다닌다

임상옥은 "상황이 불리하고 불확실할수록 공격적으로 투자한다"는 자신만의 경영 전략으로 일을 밀어붙였다. (…) 손해를 보더라도 한 번 내뱉은 말에 대한 신용은 반드시 지킨다는 상도와 인삼을 살 수밖에 없는 청나라 상인들의 심리를 교묘하게 이용한 뛰어난 장사수완 곧 상리에다가 "상황이 불리하고 불확실할수록 공격적으로 투자해야 큰 뜻을 이룰 수 있다."는 전략이 빚어낸 승리였다.

─ 한정주, 『조선의 거상 경영을 말하다』 중에서

✽✽ 외수외미 신기여기(畏首畏尾 身其餘幾), '머리가 어찌 될까 두려워하고 꼬리가 어찌 될까 두려워한다면, 온몸에 걱정스럽지 않은 곳이 어디 있겠는가'라는 뜻으로, 지나치게 겁이 많음 또는 지나치게 몸을 사려 일을 실행하지 못하는 것을 비유하는 고사성어로 『좌씨전(左氏傳)』에서 유래되었다 (출처: 두산백과 두피디아).

누구나 살아가면서 위기를 만나게 된다. '위기(危機)'에는 '위험(危險)'과 '기회(機會)'라는 두 가지 의미가 담겨 있다. 알 수 있듯이, '위기 속에 기회가 있다'는 표현이다. 때로는 위기에 대한 인식을 바꿀 필요가 있다. 같은 사건이라도 다양한 관점으로 바라보면 긍정적인 부분을 발견할 수 있을 것이다. 지나고 보면 그때의 위기가 나에게 안 좋은 일만 주어졌던 것이 아니라는 것을 깨닫게 된다. 때로는 창조적 역발상의 시야가 필요하다. 두려움을 이겨내는 가장 좋은 방법은 두려운 일을 하라는 충고처럼. 용기란 두려움을 피하는 것이 아니라 두려움과 맞서는 것이라고 했다. 나 스스로 위기를 극복해 낸 행복한 순간을 상상해 보라. 지금의 위기를 어떻게 활용할지는 온전히 자신의 몫이다.

6월 10일

메신저

　대부분의 사람들은 자신의 인생과 경험을 매우 과소평가한다. 깨달은 바가 있으면서도 그것이 다른 사람들에게 큰 도움이 될 수 있을 거라고는 생각하지 못한다. 아무도 자신의 이야기를 진지하게 듣지 않으리라 여긴다. 그러나 당신이 보잘것없다고 느끼는 그 경험과 깨달음을 세상의 누군가는 간절히 필요로 한다.

-브렌든 버처드, 『메신저가 되라』 중에서

※ 모든 경험은 다 소중하다. 저마다의 의미가 있다. 자신의 경험을 과소평가하는 것은 바람직하지 않다. 언제나 위인들의 인생과 경험만이 우리에게 도움을 주는 것은 아니다. 누군가는 나의 보잘것없다고 느끼는 경험과 조언을 들으면서 진심으로 감사해할 수도 있다. 대가를 지불할 수도 있다. 내가 가진 경험과 깨달음으로 선한 영향력을 나누는 것은 의미 있는 일이며, 바로 자신이 바라는 '꿈'일 수도 있다. 나를 만나는 사람들에게 스스로가 가치 있는 사람임을 일깨워 주고 용기를 북돋워 줌으로써 더 큰 세상으로 나아가는데 도움을 줄 수도 있다.

자신의 경험으로 입증해 낸 노하우는 더 이상 본인한테는 필요가 없다. 더 이상 알기 위해 노력하지 않아도 된다. 그러므로 그 노하우를 필요로 하는 누군가에게 전해주어도 손해를 보는 게 아니다. 방법을 몰라 헤매던 사람이 눈으로 확인할 수 있는 증명된 방법을 알게 된다면 유레카를 외칠 것이다. 메신저가 되어라. 기회가 있을 때마다 자신이 터득한 삶의 깨달음과 지식을 나누어 주라. 점점 더 풍요로워지는 자신을 발견하게 될 것이다. 미국의 시인 헨리 워즈워스 롱펠로우는 그의 대표적인 명시인 '인생찬가'에서 다음과 같이 말했다. "위인들의 인생이 우리에게 말해주나니, 우리도 숭고한 삶을 살 수 있고, 그리고 떠날 땐, 시간의 모래 위에 우리의 발자국을 남길 수 있다."

6월 11일

유레카

역사상 가장 오래된 아하 체험은 고대 그리스 수학자인 아르키메데스로 거슬러 올라간다. 그는 대략 기원전 250년경 시라쿠사 국왕 히에론 2세를 위해 왕관이 진짜 순금으로 만들어졌는지 알아내야 했다. 하지만 그는 왕관을 손상시키면 안 되었다. 아르키메데스는 온종일 과제에 대해 골몰했다. 그가 목욕탕에 들어가 몸을 담그자 욕조를 넣은 물이 흘렀다. "유레카!Eureka"('나는 알아냈다'라는 뜻-옮긴이 주) 일설에 따르면 이 고대 그리스인은 격하게 소리를 질렀으며 기쁨에 휩싸여 벌거벗은 채 당장 거리를 달렸다고 한다. 그는 '아르키메데스의 원리'라고 불리는 것을 발견했다.

―요헨 마이·다니엘 레티히, 『현실주의자의 심리학 산책』 중에서

✱✱ 우리가 편리하게 사용하고 있는 도구 중에 우연한 계기로 탄생한 것들이 많다. 하지만 이 모든 것들의 출발점에는 오랜 기간 수많은 실패, 시행착오를 거쳐온 노력이 쌓여 있다. 어떤 문제를 놓고 씨름하면서 관심과 집중을 기울여 온 노력이 있었기에 가능한 것이었다. 깨달음의 순간은 어느 한 순간에 갑작스럽게 찾아오지 않는다. '헌신'의 마지막 순간에 그 놀라운 통찰의 순간은 선물로 주어지는 것이다. 아리스토텔레스는 "탁월함은 순간적인 행동이 아닌 반복적인 습관으로 얻는 것이다."라고 말했다.

무려 1,093개의 특허를 낸 세계적 발명가 에디슨이 말한 '천재는 1퍼센트의 영감과 99퍼센트의 땀이다.'라는 명언을 진부한 표현으로 묻어두고 지나칠 수 없는 이유이다. 똑같은 상황에 직면하더라도 각자의 선택에 따라 다른 결과를 불러온다. 위대함의 시작은 결코 먼 곳에 있는 게 아니다. 나의 일상에서 '유레카!'를 외치는 기쁨을 발견하자.

6월 12일

날마다, 꾸준히, 계속

　명품은 숱한 고민과 고통 속에서 창조된다. 어려움을 참고 견디며 날마다, 꾸준히, 계속하는 가운데 비로소 명품이 탄생한다.

　베토벤은 한 곡을 최소한 12번 이상 고쳐 썼다.
　미켈란젤로는 <최후의 심판>을 그리는 데 8년을 투자했다.
　레오나르도 다 빈치는 <최후의 만찬>을 그리는 데 10년을 투자했다.
　헤밍웨이는 『노인과 바다』를 무려 80번이나 퇴고하여 완성했다.
　사마천은 『사기』 총 130편을 자료를 수집해가며 18년 동안 썼다.
　박경리는 대하소설 『토지』를 26년에 걸쳐 완성했다.

　　　　　　　　－양태석, 『이야기 속에 담긴 긍정의 한 줄』 중에서

✳✳ 성공철학의 명저인 나폴레온 힐의 『성공의 법칙』은 20여 년의 시간이 소요되었다. 지금 하고 있는 일의 성과가 빨리 나타나지 않는다고 조급해하지 말자. 그보다 중요한 것은 날마다 꾸준히 하는 것이다. 어느 분야이든지 성공하기 위해서는 숙성의 시간이 필요하다. 위대한 작품 중에 그 어느 것도 하루아침에 완성된 것은 없으며, 오직 꾸준한 노력으로 인내해 온 산출물이다.

네트워크 마케팅에서 성공하기 위해서는 매일 'U·S·A'를 실천하라고 한다. Use(사용하기), Sharing(전달하기), Attending(미팅 참석)을 말한다. 영국 문학가인 사무엘 존슨은 인내의 통찰을 주었다. "위대한 일은 힘이 아니라 인내를 통하여 이루어진다."

6월 13일

매력자본

　매력자본을 축적하려면 어찌해야 하는가? 하킴 교수는 매력을 구성하는 요소는 6가지라고 말한다. 이를 대별하면 신체적 요소와 사회적 요소로 나뉜다.
　우선 신체적 요소는 아름다움 외모이다. 여기에는 날씬한 몸매, 건강미, 섹슈얼리티(성적인 모든 요소) 등이 포함된다. 사회적 요소는 인간관계와 교양미, 품위 있는 언어, 예절이나 매너, 사회적 에너지와 활력, 유머와 위트, 옷 입는 스타일이나 헤어스타일 등 사회적 표현력 등이다. 이렇게 보면 매력자본 속에는 사회자본과 문화자본이 모두 포함된다.

―이성연, 『애터미 성공학 개론』 중에서

✲✲ 살아가면서 자신의 이미지는 매우 중요하다. 자신을 관리하고 가꾸는 일은 건강하고 풍요로운 삶을 살아가는 길로 이끌어 준다. 그것은 나 자신의 성장을 도와줄 뿐 아니라 타인에게도 긍정적인 영향을 미치는 타인 감수성을 배려하는 일이다.

매력자본은 개인 자산이다. 따라서 개인이 축적해야만 한다. 매력자본을 가지게 되면 본래의 직업만 가지고 있을 때보다 돈을 버는 속도가 훨씬 빨라질 것이라고 말한다. 자신만이 가진 독특한 힘을 최대한 끌어내는 노력을 해야 하는 이유이다. 매력자본을 가지려면 조금 더 부지런해져야 한다. 중국의 영부인 펑리위안은 "세상에 게으른 여자는 있어도 미운 여자는 없다."라고 했다. 크리스찬 디오르는 "아름다움에는 저마다의 매력이 있다. 그렇지 않으면 남의 시선을 끌지 못한다."라고 했다. 매력자본을 만드는 시점은 바로 투자의 시작이다.

6월 14일

신뢰

   신뢰는 사기그릇과 같다. 처음 깨뜨렸을 때는 조심조심 다시 붙일 수 있다. 하지만 또 한 번 깨뜨렸을 때는 조각조작 깨져서 다시 붙이는 데 훨씬 오랜 시간이 걸린다. 그렇게 여러 번 깨뜨리다 보면 결국엔 다시는 붙일 수 없게 산산이 흩어지고 만다. 세상엔 깨진 조각과 가루가 너무도 많다.

-마크 맨슨, 『신경 끄기의 기술』 중에서

※ 신뢰는 인간관계에서 중요한 요소 중 하나이다. 신뢰가 없는 행동은 아무 의미가 없다. 말로 약속을 다짐하는 건 누구나 할 수 있다. 하지만 행동하는 신뢰가 없다면 그런 말은 관계만 더 약화시킬 뿐이다. 신뢰가 무너지면 관계는 더 나아지기가 쉽지 않다.

상대방이 신뢰를 깨뜨리는 데는 나와의 관계보다 더 중요시하는, 우선시하는 뭔가가 따로 있기 때문이다. 당장 그의 앞에 보이는 이익을 위해서라든지, 상대방에 대한 존중의 정도 등 그의 생각을 표현하는 것이다. 이어령 선생님은 '사람은 보통 때는 자기도 자기가 어떤 인간인지 알 수 없고, 극한상황에 몰렸을 때 본성이 살아난다'라는 예리한 통찰을 주었다. 극한에 부딪혔을 때 평소 내재해 있던 그의 가치관이 표현된다는 것이다. 일상의 인간관계에서도 그 사람의 본성이 드러나는 순간을 확인할 수 있다. 평소 내재해 있던 그의 가치관을 앞세워 그동안 쌓아왔던 관계를 뒤로 하고 상처를 주는 사람이다. 그는 자신의 블랙홀로 상대방의 자존심을 끌어들여 자신의 행동이 정당했음을 인식시키려고 애쓴다.

진정한 인간관계에는 신뢰가 존재한다. 깨진 신뢰를 회복하는 방법은 실제 행동을 지켜보는 것이라고 한다. 스티븐 M. R. 코비는 『신뢰의 속도』라는 책에서 '행동으로 일으킨 문제는 말로는 해결할 수 없다'라고 말했다. 그렇다. 행동으로 일으킨 문제는 행동으로 해결할 수 있다. 행동은 자기 신뢰를 구축하는 가장 빠른 길이나.

6월 15일

도서관

　엘름 부인의 눈동자가 생기를 띠며 달빛을 받은 웅덩이처럼 반짝거렸다.
　"삶과 죽음 사이에는 도서관이 있단다." 그녀가 말했다. "그 도서관에는 서가가 끝없이 이어져 있어. 거기 꽂힌 책에는 네가 살수도 있었던 삶을 살아볼 기회가 담겨 있지. 네가 다른 선택을 했다면 어떻게 달라졌을지 볼 수 있는 기회인 거야……. 후회하는 일을 되돌릴 수 있는 기회가 생긴다면 하나라도 다른 선택을 해보겠니?"

-매트 헤이그, 『미드나잇 라이브러리』 중에서

✲✲ 도서관에는 다른 사람들의 삶의 이야기가 기록으로 꽂혀 있다. 내가 원했던 삶, 되고 싶었던 사람, 경험해 보고 싶었던 일, 실행에 옮기지 못한 일들, 내가 살았을 수도 있는 삶을 걸어간 사람들의 삶이 끝없이 펼쳐져 있다. 나는 결코 내가 원하는 모든 삶을 살아볼 수도 없고, 되고 싶은 사람으로 모두 살아볼 수도 없다. 인생은 내가 원하는 모든 것을 누려볼 수 있을 만큼 길지 않기 때문이다. 이루지 못한 일들의 관점으로만 바라보면 누구나 마음속에서 후회가 끝없이 반복될 것이다. 삶에는 슬픔이나 비극, 실패, 두려움만 있는 것도 아니고, 영원히 행복한 삶에만 머물 수 있는 것도 아니다. 반드시 모든 삶을 경험해 봐야지만 그 느낌을 이해할 수 있는 것도 아니다. "살다 보면 더 쉬운 길이 있을 거라고 생각하기 십상이죠. 하지만 아마 쉬운 길은 없을 거예요. 그냥 여러 길이 있을 뿐이죠." 처음으로 무언가를 깨닫고 노라가 말했다.

가보지 못한 길, 해보지 못한 삶을 후회하며 살기보다는, 지금 여기서 내가 선택한 삶에 최선을 다하며 한 발 한 발 앞으로 나아가는 삶에 초점을 맞추는 것이 더 현명한 선택일 수 있다. 처음처럼.

6월 16일

나는 왜 이 일을 하는가

헨리 포드는 이렇게 말했다. "할 수 있다고 생각하면 할 수 있고, 할 수 없다고 생각하면 할 수 없다." 그는 업계 전체를 바꾼 탁월한 WHY 유형이었고, 훌륭한 리더의 본보기이자 관점의 중요성을 이해하는 사람이었다. 내가 힘든 시기를 겪었던 이유는 사업을 시작했을 때보다 무지해졌기 때문이 아니다. 나는 방법이 아니라 관점을 잃은 상태였다. '무엇을' 하는지는 알았지만 WHY를 잊었다.

-사이먼 시넥, 『스타트 위드 와이』 중에서

∗∗ 속도는 기업이나 조직의 성장에서 중요한 요소이다. 더 큰 부가가치를 창출할 수 있으려면 단순히 속도만이 중요한 것이 아니다. 정확한 방향성을 가지고 속도를 낼 때 가능할 것이다. 방향은 곧 비전이라 할 수 있으며, 내가 이 일을 하고 있는 이유가 된다. '무엇을 하고 있는가' 보다 먼저인 것은 '왜 이 일을 하는가'이다. 소로가 말한 대로 '중요한 것은 무엇을 보느냐가 아니라 어떻게 보느냐이다.'라는 관점과 같다.

자신이 원하는 것이 무엇인지 깨닫기 전에 그것을 '왜 원하는지' 먼저 말할 수 있어야 한다. '어떤 것'을 '왜' 원하는지 안다는 것은 삶의 목적에 그만큼 더 가까이 다가가 있다는 뜻이기 때문이다. 목적은 우리가 하는 일의 추진 동력이다. 헨리 포드는 "장애물이란 당신이 목표 지점에서 눈을 돌릴 때 나타난다. 당신이 목표에 눈을 고정해두고 있다면 장애물은 보이지 않는다."라고 말했다. 지금 '나의 WHY'는 무엇인지 생각해 보자. 이미 알고 있고 행하는 일을 WHY로 들여다보자.

6월 17일

인생을 멋지게 사는 비결

일 자체를 인생의 최종 목표로 생각해서는 안 된다. 일은 반드시 해야 하는 신성한 것이기는 하지만 그 자체에 목적을 두어서는 안 되는 것이다. 열심히 일을 했으면, 남은 시간은 충분히 쉬어야 한다. 이렇게 하면 인생이 몇 배는 더 즐겁고, 그 동안 일에 치여 녹슬어 가던 재능도 살릴 수 있다. 바로 그것이 인생을 멋있게 사는 비결이다.

— 이정환, 『아침에 투자하는 5분이 인생을 결정한다』 중에서

✱✱ 빅터 프랭클은 사람들이 자신의 삶을 의미 있게 만들 수 있는 한 가지 방법은 일을 통해서라고 했다. 일을 하며 자신의 의무와 책임을 완수할 때 비로소 그러한 삶이 가능하다는 것이다. 하지만 일 자체가 인생의 최종 목표가 되어서는 안 된다. 삶에는 그보다 더 중요한 인생의 의미들이 담겨 있기 때문이다.

미국 태생의 영국 수필가이자 비평가로서 17세기 신학의 권위자였던 로건 피어설 스미스는 다음과 같이 말했다. "인생의 목표는 두 가지다. 하나는 자신이 바라는 바를 얻는 것이고, 나머지 하나는 바라는 것을 얻은 뒤 즐기는 것이다. 현명한 사람만이 후자를 이룰 수 있다." 어느 성공자는 일은 평생 하는 게 아니라고 말했다. 자신이 계획한 기간만 일을 하고, 나머지는 진정으로 하고 싶었던 일들을 하면서 멋지게 살라고 했다.

살아가면서 '바라는 것들'이 많다. 좋은 직업, 건강, 시간과 경제적인 여유, 인간관계 등. 자기 삶의 목표를 위해 끊임없이 달려간다. 사람에 따라 일을 바라보는 기준도 다를 것이다. 행복의 기준이 다른 것처럼. 열심히 일을 했다면, 바라는 것을 얻은 즐거움을 누려보자. 일의 과정에서 얻은 소중한 가치들은 균형 잡힌 삶으로 시야를 너 넓혀줄 것이다.

6월 18일

신경 끄기

고난에 신경 쓰지 않으려면, 그보다 중요한 무언가에 신경을 쓰라. (…)
우리 인생에 중요하고 의미 있는 무언가를 찾는 일이야말로 우리에게 주어진 시간과 에너지를 가장 생산적으로 사용하는 길일 것이다. 진정으로 의미 있는 것을 찾지 않는다면, 무의미하고 하찮은 것에 신경이 쏠릴 테니까 말이다.

-마크 맨슨,『신경 끄기의 기술』중에서

✱✱ 사람들은 늘 신경을 쓴다. 늘 신경 쓸 무언가를 찾는다. 살아가면서 우리는 남의 시선을 지나치게 신경 쓰는 경향이 있다. 남들은 사실 나에게 내가 생각하는 만큼 나를 생각하지 않는데도 말이다. 가깝다고 생각하는 사람도 어찌 보면 나만의 착각일지도 모른다. 그들조차 볼 때마다 물었던 질문들을 하고 또 묻곤 한다. 그러면서 관심이 많다는 것을 표현하려고 한다. 그럴 때마다 서운한 감정을 가지면서도 또 상대방에게 관심받으려고 상대방의 기준에 맞춰 신경을 쓴다. 지나고 보면 나 스스로 큰 실수라고 생각했던 절망했던 일들도 내 삶에서 그다지 중요한 자리를 차지하고 있지 않다는 것을 깨닫는 날이 온다. 그러니 사람들이 말하는 모든 것에 신경을 쓰며 모든 것을 내가 해결해야 할 문제로 받아들이는 것은 옳지 않다.

신경 쓰지 않는다는 것은 무심한 태도와 같은 의미가 아니다. 다른 것을 받아들이는 것이다. 이것은 중요하지 않은 것을 멀리하고, 진짜 중요한 것에 집중해야 한다는 것을 의미한다. 진짜로 가치 있는 것에 더 신경을 쓸 때 불필요한 스트레스와 불안으로부터 벗어날 수 있고 내 삶에 더 집중할 수 있다. 사소한 일, 나의 성장에 도움 안 되는 일에는 신경을 끄자. 진짜 중요한 것에 신경을 쓰는 것이야말로 주어진 시간과 에너지를 가장 끌어올리는 길일 것이다. 미국의 종교지도자이자 현대 '성공코치' 선구자 중 한 명으로 평가되는 윌리엄 보엣커는 이렇게 말했다. "다른 사람들이 무엇을 하든지 신경 쓰지 말라. 당신 자신보다 더 잘하라. 날마다 당신의 기록을 깨라. 그러면 당신은 성공한다."

6월 19일

1등

굳이 1등이 아니어도 좋습니다.
조금 뒤쳐져 뒷줄에서 달리고 있어도 괜찮습니다.
포기하지 않고 끝까지 달리는 사람이 1등입니다.
지금은 꼴찌로 달려도 세상의 흐름이 바뀌면
꼴찌가 1등이 됩니다.
그것이 인생과 마라톤의 차이입니다.
다시 반복합니다.
끝까지 달리는 사람이 1등입니다.

―고도원,『꿈너머꿈 노트』중에서

✽✽ 산의 정상을 오르는데 정해진 때란 없다. 출발 시간도 따로 있지 않다. 지금 서 있는 자리가 출발점이고, 지금 바로 이 순간이 출발 시간이다. 늦게 출발하면 그만큼 늦게 도착할 뿐이다. 중요한 것은 조금 늦더라도 끝까지 가는 것이다. 먼저 출발하는 것보다 중요한 것은 올바른 방향이다. 옳게 선택한 방향으로 끝까지 포기하지 않고 올라가는 사람이 결국엔 정상에서 만나게 된다. 마라톤도 다르지 않다. 끝까지 포기하지 않고 달리는 사람이 결국엔 피니쉬 라인을 통과할 수 있는 것이다.

인생은 숨돌릴 순간도 없이 몰아붙이는 속도전이 아니라 속도와 땀의 균형을 안배하며 달리는 장기전이다. 처음부터 나 홀로 오버 페이스를 하면 어느 순간 나 홀로 뒤처진다. 지금은 남들보다 조금 늦게 출발해도 괜찮다. 시간이 경과하고 반환점을 돌 때면 내 뒤로 따라오는 사람들이 보인다. 나는 달리는 과정에서 멋진 풍경을 감상할 수도, 인생의 지혜를 깨달을 수도 있다. "경주에서 승자는 가장 빨리 돌진하는 사람이 아니라 마지막에 선두에 서는 사람이다. 이기기 위한 경주에서 중요한 것은 속도가 아니라 지구력이다. 인생의 경주에서는 끈기 있는 사람이 가장 오래간다." 경제지 <포브스>를 만든 B. C. 포브스는 말했다.

6월 20일

가장 소중한 것을 지금 하라

성공을 거둔 133명의 현자들은 말한다.
"당신의 삶에서 가장 소중한 것을 지금 하라. 고민만 하다가 인생을 끝낼 게 아니라면, 마지막 날이 돼서야 목표한 삶을 시작할 작정이 아니라면." (…)
133명의 인생 현자들은 말한다. '언젠가는'이라는 시간은 없다고. (…)

―팀 페리스, 『지금 하지 않으면 언제 하겠는가』 중에서

✳✳ 사람들은 이렇게 말한다. '시간이 되면 해야지….' '여유가 된다면 해야지….' 확실한 건 시간과 여유가 될 만큼 모든 게 충분하다면 분명히 더 나은 결과를 얻을 수 있을 것이다. 하지만 내가 기다리는 '고도'는 오지 않는다. 아무것도 일어나지 않는다. 삶이 선택의 연속이듯이, 우리는 하나를 선택해야만 한다. '지금 당장 할 것인가, 아니면 언젠가는 할 것인가.' 인생의 현자들은 말한다. 우리가 힘겨운 압박 속에서 살아가는 이유는 원하는 삶을 살지 못해서가 아니라 자꾸만 '미루는 삶'을 살기 때문이라고. 성공하려면 지금 성공해야 하고, 행복해지려면 지금 행복해야 한다고.

엘리자베스 퀴블러 로스는 타임아웃이 필요한 이유에 대해 명쾌한 설명으로 깨우쳐 준다.

"사람들이 공허하고 무의미한 삶을 사는 것은 죽음을 부인하기 때문이다. 영원히 살 것처럼 살기에 꼭 해야 할 일도 아주 쉽게 뒤로 미루게 된다. 내일의 준비와 기억 속에 갇혀 '오늘'은 언제나 잃어버리고 만다." 메멘토 모리! 언젠가는 원하는 삶이 아니라, 반드시 죽는다는 사실만큼 명확한 답은 없다. '지금'은 현명한 사람들의 표어다! 영국의 목사이자 삶과 사상이 일치했던 찰스 H. 스펄전은 말했다.

6월 21일

세렌디피티

'세렌디피티(serendipity)'는 '의도적으로 연구하지 않았는데도 훌륭한 결과를 발견해내는 능력' 정도의 뜻으로 쓰이는 말이다.

특히 과학 연구의 분야에서 완전한 우연으로부터 중대한 발견이나 발명, 실험 도중에 실패해서 얻은 중대한 발견이나 발명을 가리킬 때 많이 쓰인다. 형용사형은 serendipitous이며, '뜻밖의 행운을 발견하는 사람'은 serendipper라고 한다.

― 아미르 후스로 델라비, 『세렌디피티의 왕자들』 중에서

✱✱ 세렌딥이라는 섬나라의 세 왕자가 아버지의 명령으로 용을 쓰러뜨릴 묘약의 제조법을 찾으러 길을 떠난다. 그런데 "왕자들이 우연과 총명함으로 뜻밖의 발견을 계속 거듭했다."고 하는 이야기다. serendipity라는 단어는 1754년 영국 초대 총리의 아들인 호레이스 월폴이 만들었다. Serendip이라는 섬은 당시 실제로 존재했다. 다만 이름이 바뀌어서 Ceylon실론이 되었다가, 1972년에는 Sri Lanka스리랑카가 되었다. serendipity는 다름 아닌 '스리랑카스러움'이다(마크 포사이스, 『걸어다니는 어원 사전』 참고).

기회는 예상치 못한 우연의 모습으로 찾아온다. 하지만 그것은 알아볼 수 있는 '눈'을 가진 사람만 가능하다. 새로운 기회를 발견하기 위해서는 좀 더 다양한 시각을 갖는 게 필요하다. 때로는 자기 전공에서 벗어난 생각을 해야 한다. 관심의 영역을 넓히고 열린 마음으로 세상을 바라볼 때 주어진 기회를 내 것으로 만들 수 있을 것이다. 더 중요한 것은 준비된 자에게 운이 따른다는 사실이다. 프랑스의 미생물학자 루이 파스퇴르는 "우연은 준비된 자에게만 미소 짓는다."라고 말했다. 우주는 우리에게 늘 말을 건다고 한다. 내가 원하는 답을 구하고자 하면 어떤 메시지를 통해 보여준다는 것이다. 지금 내게 주어진 물질과 자리에서 세렌디피티를 얻을 수 있을 것이다. 행운이 찾아오면 앉을 자리를 내줘라! (유대인 속담)

6월 22일

후츠파

  이스라엘에서 '후츠파'라는 말은 뻔뻔함, 담대함, 저돌성, 무례함을 뜻하는 특유의 도전 정신을 이르는 말이다. '당당하게 자기 생각을 밀고 나가는 유대인의 정신'을 뜻한다. 나이를 떠나서 눈치 보지 않고 자기 생각 말하기, 그리고 행동으로 옮기기, 실패를 두려워 말고 후츠파 정신으로 평생 새로운 일을 찾을 용기가 필요하다.

− 권광현 · 박영훈, 『디지털 노마드』 중에서

✲✲ 세계경제를 주무르고 있고, 다이아몬드 시장의 98% 차지, 1인당 과학논문 수와 특허 건수 세계 1위, 노벨 경제학상, 세계적인 부자… 세계 인구의 0.25%(약 1500만 명)에 불과한 유대인들을 이르는 말이다. 스티븐 스필버그, 빌 게이츠, 마크 주커버그, 스티브 잡스, 아인슈타인 등 유대인들은 다양한 분야에서 탁월한 성과를 남겼다.

살다 보면 마주치는 어려움은 늘 존재한다. 내 의지와는 상관없이. 그 어렵고 힘든 시간을 어떻게 받아들이느냐는 매우 중요하다. 성장과 실패라는 분수령의 갈림길이 될 수 있기 때문이다. 노벨문학상 수상자인 『고도를 기다리며』의 저자 사무엘 베케트는 "시도하지 않으면 실패할 일도 없다. 실패를 두려워하지 말고 끊임없이 도전하라. 거듭해서 실패를 겪되, 점점 더 발전하라."고 말했다. 헨리 포드는 "실패를 두려워하면 행동에 제약이 따른다. 실패란 다시금 도전하라는 메시지다."라고 같은 말을 했다.

도전한다는 것은 절대 쉽지 않은 일이다. 가보지 않은 길이기 때문이다. 하지만 무언가를 얻으려면 용기를 내어 도전해야 한다. 용기란 두려움과 맞서는 것이다. 용기는 평소에는 드러나지 않지만 두려움이 있을 때 생겨난다. 도전을 한다는 것은 축복받을 기회를 준다는 것이다. 나를 위해 계획된 일에 나를 참여하게 하는 것만큼 기쁜 일은 없을 것이다.

6월 23일

250 법칙

조 지라드 '250의 법칙'
당신이 한 명의 잠재고객을 실망시킬 때마다
추가로 250명이 떨어져 나간다는 사실을 기억하라. (…)
250의 법칙이란 사람은 누구나 결혼식이나 장례식 같은 인생의 중요한 행사에 초대할 정도로 친숙한 사람을 약 250명 정도 두고 있다는 것을 말한다. 250명!

－조 지라드, 『세계 최고의 판매왕 조 지라드 최고의 하루』 중에서

*** 한 사람의 인간관계 범위는 대략 250명 수준이라고 한다. 즉 한 사람 뒤에는 250명이 있다는 것이다. 한 사람을 감동시키면 250명의 사람을 추가로 얻을 수 있다는 뜻이다. 반면에 한 사람의 신뢰를 잃어버리면 250명의 사람을 동시에 잃어버리게 된다는 것이다. 한 사람은 한 사람이 아닌 것이다. 타인을 대하는 태도, 타인에게 하는 행동 하나하나가 중요하다. 250명! 인간관계에서 기억해야 할 중요한 단어다.

기억하라. 한 명을 대할 때, 마치 250명을 대하는 것처럼 정성을 다해야 한다는 것을.

6월 24일

가장 강력한 보상

　가장 강력한 보상은 인간관계에서 얻는 보상이라는 사실이 밝혀졌습니다. 사람들과의 긍정적인 상호작용은 보상의 뿌듯함과 조절의 안정감을 안겨 주지요. 자기를 생각해 주고, 함께 시간을 보내 주고, 지지해 주는 사람들과의 연결이 없다면, 해로운 보상과 조절 방식에서 벗어나는 일은 거의 불가능합니다.

－브루스 D. 페리, 오프라 윈프리,
『당신에게 무슨 일이 있었나요』 중에서

✱✱ 보상의 종류에는 여러 가지가 있다. 칭찬, 여행, 물질적 도움, 나눔, 꿈을 지원하고 함께하는 것 등. 상황에 따라 보상의 방법은 다를 것이다. 보상의 느낌 또한 시간이 흐를수록 희미해진다. 매일 보상의 모습을 새롭게 채우기 위해 노력해야 하는 이유다.

가장 영향력이 큰 보상은 인간관계를 통한 보상이라고 한다. 사람은 소유하는 게 아니라, 관계를 맺는 것이라고 말한다. 삶을 바라보는 관점이 같은 사람들과의 긍정적인 연결은 그 무엇보다도 가장 큰 보상이 될 수 있을 것이다. 서로의 마음을 나누고 위로하고 발전적인 방향을 위해 함께 배우고 성장할 수 있기 때문이다. 인간관계를 하다 보면 섭섭한 일을 겪기도 한다. 모든 면에서 완벽한 사람은 없다. 내 기준으로 남과 비교하면 섭섭함이 자주 발생한다. 나 자신 또는 누군가에게 가해자였던 순간도 있었을 것이다. 타인 감수성을 키워서 폭넓게 이해하는 성숙함을 갖춰야 한다.

인간관계를 넓히는 것은 중요하다. 하지만 지금의 관계를 좀 더 새롭고 창의적으로 만들기 위해 노력한다면 지금까지와는 또 다른 기대할 수 있는 것들을 발견할 수 있을 것이다. 데일 카네기는 그의 저서 『카네기 인간관계론』에서 "사람을 움직이게 하려면 상대가 바라고 원하는 것을 주는 것이 유일한 방법이다."라고 말했다.

6월 25일

4분의 3이 죽어 있는 상태

  버트런드 러셀은 "사랑을 두려워하는 것은 인생을 두려워하는 것이고, 인생을 두려워하는 사람은 이미 4분의 3이 죽어 있는 상태다"라고 했다. 어쩌면 그게 노라의 문제인지도 모른다. 노라는 그냥 사는 게 두려운 건지 모른다.

-매트 헤이그, 『미드나잇 라이브러리』 중에서

✱✱ 누구나 살아가면서 두려움에 맞닥뜨리는 순간이 있다. 두려움은 공포의 그림자를 드리우며 마음속으로 스며온다. 파괴력이 매우 커서 한 걸음도 나아갈 수 없게 만든다.

'두려움(FEAR)이란 무엇인가?

거짓(F) 증거(E)가 진짜처럼(R) 위장한(A) 것일 뿐이다.' 라고 했다(F=false, E=evidence, A=appearing, R=real). 두려움은 눈에 보이지 않는다. 모습만 드러낼 뿐 아무런 피해를 주지 않는다. 내가 물러서기 전까지는. 그것은 내가 만들어 놓은 함정에 불과한 것이다. 그리고 나 스스로를 그 안에 가둔다. 이미 죽어 있는 상태로 스스로를 만든다.

두려움을 대하는 방법은 저마다 다르다. '두려움에 맞서는 것, 그것이 용기다. 아무것도 두려워하지 않는 것, 그것은 어리석음이다.'라고 토드 벨메르가 말했다(사실 나는 토드 벨메르가 누구인지 궁금하다). 두려움과 용기는 동행하는 친구다. 두려움은 용기 없이 이겨낼 수 없고 용기는 두려움 없이 생겨날 수 없기 때문이다. 두려움을 마주할 용기를 갖자. 두려움을 받아들이고 살아갈 용기로 맞서자. 두려움이 커질 때, 막상 직접 부딪혀 보면 생각했던 것만큼 힘든 일은 일어나지 않는다는 것을 알 수 있다. 4분의 3의 죽은 몸을 살리는 길은 그 두려운 일을 '시작'하는 것이다.

6월 26일

플랫폼

 플랫폼은 외부 생산자와 소비자가 상호작용을 하면서 가치를 창출할 수 있게 해 주는 것에 기반을 둔 비즈니스이다. 플랫폼은 이러한 상호작용이 일어날 수 있도록 참여를 독려하는 개방적인 인프라를 제공하고 그에 맞는 거버넌스를 구축한다. 플랫폼의 가장 중요한 목적은 사용자들끼리 꼭 맞는 상대를 만나서 상품이나 서비스, 또는 사회적 통화를 서로 교환할 수 있게 해 주어 모든 참여자가 가치를 창출하게 하는 데 있다.

－마셜 밴 앨스타인 외, 『플랫폼 레볼루션』 중에서

✼✼ "21세기의 부(富)는 플랫폼에서 나온다." 아시아를 대표하는 경영 컨설턴트이자 세계적인 경제학자 오마에 겐이치는 말했다. "장(場)을 가진 자가 부의 미래를 지배한다." 플랫폼 전략론의 권위자로 꼽히는 안드레이 학주, 미국 매사추세츠 공과대학 경영대학원 교수 또한 『플랫폼 전략』이라는 책에서 말했다.

지금 시대는 다양한 사물이 네트워크로 연결된 초연결사회(hyper-connected society)이다. 세계적인 글로벌 기업들뿐만 아니라 개인들도 플랫폼을 기반으로 비즈니스를 하고 있다. 플랫폼 주도의 산업은 가장 빠르게 세상을 변화시키는 강력한 도구로 그 영향력이 더 커지고 있다. 네트워크 마케팅은 플랫폼 비즈니스이다. 미래 경제학자들은 네트워크 마케팅을 '시대적 조류'이자 평범한 사람에게 주어진 '최고의 기회'라고 말한다. 『플랫폼 레볼루션』에서 저자는 '4차 산업혁명의 주인공은 플랫폼을 구축하거나 활용하는 자가 될 것'이라고 말했다. 플랫폼을 소유하지 못하고 이용만 하는 사람은 플랫폼을 가진 자에게 끊임없이 돈을 지불해야 한다는 것이다. 환경이 변하고, 삶의 방식이 변하고 있다. 이제는 내가 변해야 할 때다. 나만의 플랫폼을 구축하는 전략이 필요한 시점이다.

6월 27일

함께 어울리는 사람들

　이스라엘의 솔로몬 왕은 "지혜로운 사람과 함께 다니면 지혜를 얻지만, 미련한 사람과 사귀면 해를 입는다."고 했다. 찰스 '트레멘더스' 존스의 명언도 있다.
　"누구와 어울리고 무엇을 읽는가. 이 두 가지가 바뀌지 않으면 5년 후의 모습도 지금과 똑같을 것이다."
　짐 론도 우리는 가장 많이 어울리는 다섯 사람의 평균이 된다고 역설했다. 주위 사람들을 보면 우리의 건강, 자세, 수입이 어떤지 알 수 있다는 의미다.

– 존 맥스웰, 『사람은 무엇으로 성장하는가』 중에서

✱✱ 브라이언 트레이시는 『판매의 심리학』에서 하버드대학의 데이비드 맥클러랜드 교수가 말한 인생에서 성공과 실패의 차이는 '준거집단'의 선택에서 비롯된다는 내용을 적었다. 유유상종이라는 말처럼 우리는 함께 어울리는 사람들의 가치관, 태도, 철학, 옷차림, 라이프 스타일 등을 닮아 간다. 그들이 가는 방향을 나도 가는 경우가 많다. 같은 부류의 사람들과 어울리면 편안하고 안정적인 느낌에 익숙해진다. 때로 피해를 보는 일이 발생하더라도 다른 구성원들에게 손해를 끼치지 않기 위해 대의?를 따라가는 쪽으로 나 자신을 기울이게 두는 일이 자주 발생한다.

살다 보면 누구에게나 다른 사람들과 차이를 두어야 할 때가 온다. 성장하는 삶을 바라는 사람한테는 더욱 그럴 것이다. 성공은 혼자 할 수 없다. 성공의 길에 무엇보다 중요한 것은 함께 어울리는 사람들이다. 책에서 언급한 것처럼, 우리가 어울려야 할 '큰' 인물은 진실한 사람, 긍정적인 사람, 직업적으로 우리보다 앞선 사람, 우리를 쓰러뜨리지 않고 일으켜 세우는 사람, 저급한 길이 아니라 고매한 길을 걷는 사람 이외에도 시련 앞에 강한 사람이다. 무엇보다 성장하고 있는 사람을 선택해야 함은 두 번 다시 강조할 필요가 없다. 유대인 탈무드 명언에 '현명한 사람과 함께 걷는 사람이라면 누구나 현명한 사람이 될 수 있다.'라는 말이 있다. 나와 가장 많이 어울리는 사람들을 떠올려 보라. 그리고 선택을 하자. 진짜 함께 어울릴 사람들을.

6월 28일

혼자서 함께 하는 여행

  꿀벌이 자기보다 500배나 강한 독성을 지닌 말벌과 싸움에서 이기는 유일한 방법은 뭉쳐서 싸우는 것입니다. 말벌이 침입하면 꿀벌들은 한 덩어리로 뭉쳐 자신들의 온도를 47℃까지 높입니다. 말벌의 치사온도는 46℃, 꿀벌의 치사온도는 48℃이기 때문에 그 열에 말벌이 견디지 못하고 죽게 되는 것입니다.

- 애터미 주식회사, 『애터미 DNA』 중에서

※ 말벌을 이기는 꿀벌의 연대가 바로 제심합력(齊心合力)이다. 제심합력이란 '많은 사람이 같은 마음으로 힘을 합함' 또는 '많은 사람이 마음을 합하여 함께 노력함'을 뜻한다. 협력(協力)이 서로 돕는다는 의미라면, 합력(合力)은 한 가족이 되어 함께 성공하는 관계를 강조하는 것이다. 아무리 작은 힘이라도, 별것 아닐지 몰라도 모이면 엄청난 파워를 만들 수 있다. 합심의 시너지 효과는 망망대해 바다처럼 무한하다. 유대인 탈무드 명언에 '서로 떨어져 있으면 한 방울에 불과하지만, 함께 모이면 우리는 바다가 된다.'라는 말이 있다. '우리'는 '나 혼자'보다 강하다. 우리가 어떤 공동의 의식을 가지면 세계를 놀라게 하는 위대한 힘을 발산할 수 있다. 2002년 한일월드컵 때, 우리나라를 온통 붉은 물결로 뒤덮은 붉은 악마와 함께 4강 신화를 이뤄냈던 웅장한 모습을 떠올려 보라.

'빨리 가려면 혼자 가고 멀리 가려면 함께 가라'는 말이 조언하듯이 함께 뭉치면 더 쉽게, 더 오래 멀리 갈 수 있고, 더 빨리 목표에 도달할 수 있다. 인생은 나 혼자 빨리 체험하고 돌아오는 당일치기가 아니라 함께 하는 여행일 때 더 가치 있는 의미를 담을 수 있다. 트리나 폴러스의 『꽃들에게 희망을』이라는 책에 이런 말이 나온다. '누군가를 딛고 일어선 성공은 진정한 성공이 아니다.' 혼자서 산 정상을 향해 묵묵히 올라가는 등산 애호가도 있지만, 서로 격려하며 함께 높은 곳을 올라가는 사람도 있다. 두 사람의 협력으로 함께 정상에 선다면 기쁨도 두 배로 커질 수 있을 것이다. 인생은 혼자인 내가 함께 하는 여행이다.

6월 29일

어제의 나

오늘 아침 이야기를 들려줄게요.
어제로 돌아가서 이야기하는 건 아무런 의미가 없어요.
지금 저는 어제의 제가 아니니까요.

― 루이스 캐럴, 『이상한 나라 앨리스』 중에서

✱✱ 뉴욕의 쌍둥이 빌딩이 무너진 후 그곳에 새로 들어설 빌딩 조감도에 이런 글이 적혀 있다고 한다. "Think Back. Move Forward. It's Time.(과거를 생각하라. 앞으로 나아가라. 지금이 그때다.)"

과거를 생각하라는 말은 과거로 돌아가라는 말이 아니다. 과거를 생각하며 지혜와 교훈을 얻되 과거에 얽매이지 말라는 것이다. 이미 지나간 일, 변화될 수 없는 과거에 너무 집착하다 보면 현재와 미래를 잃을 수도 있다. 가끔 과거로 돌아가야 하는 이유는 '어제의 나'가 그곳에 있기 때문이다. 과거의 잘못을 되돌아봄으로써 앞으로 나아갈 수 있다.

돌이켜보면 때로 과거의 불행했던 일도 모두가 부정적인 영향을 미친것만은 아니라는 사실을 알게 된다. 안 좋았던 일들로부터 새로운 교훈을 얻을 수 있었다면 그것은 실패가 아니라 성공이라 말할 수 있을 것이다. '어제의 나'가 없었다면 '오늘의 나'도 없을 것이기 때문이다. 존 맥스웰은 『사람은 무엇으로 성장하는가』라는 책에서 성장할 수 있는 환경을 마련하기 위해 '지금 이 순간에 집중하는 삶'을 선택해야 한다고 말하며 다음과 같이 적었다.

'우리가 인생에서 일으키고자 하는 변화는 오로지 현재에만 일어난다. '지금' 하는 일이 미래의 모습과 위치를 좌우하는 것이다. 우리는 현재에 살고 현재에서 일한다.'

과거의 좋은 추억보다 지금 이 순간이 나를 나아가게 하는 '미래'임을 잊지 말자.

6월 30일

좋아하는 것과 사랑하는 것의 차이

우리는 사람이나 물건을 좋아할 수 있다. 그렇지만 좋아한다고 해서 다 사랑하는 것은 아니다. 물건이나 사람에게 끌리면 '좋아하는 것'이다. 상대를 배려하고 책임질 때 그것이 비로소 사랑이다. 기억하라. '소유'가 아니라 '책임'이다. 상대를 사랑한다면 그 사람을 배려해야 한다.

― 인드라닐 고시, 『인도인들의 행복처방전』 중에서

✱✱ 좋아하는 것과 사랑하는 것은 비슷한 것 같지만 같은 의미가 아니다. 사랑에는 배려와 책임이 따른다. 상대방의 삶과 성장에 적극적으로 관심을 기울이는 배려와 상대방의 요구를 들어주는 책임감을 가질 수 있어야 한다. 내 행동 이전에 상대의 입장을 배려하고 존경할 줄 아는 자세가 필요하다. 존경은 그 나름대로 성장하고 발달하기를 바라는 관심이다.

사랑은 소유하는 게 아니다. 따라서 자기 기준에 상대방을 맞추려고 요구하고 기대하는 것은 진정한 의미의 사랑이 아니다. 사랑은 소유하려 들수록 달아나는 법이다. 인도 최고의 영적 지도자 스와미 비베카난다는 진정한 사랑을 '오므린 손 안의 물'과 같다고 표현했다. "손을 그대로 동그랗게 모으고 있으면 물은 그대로 담겨 있겠지요. 그런데 물을 쥐려고 손을 꽉 오므리면 물은 빠져나가 버리죠." 사랑이 오래 지속되기 위해서는 어떤 기대도 하지 말고 조건 없이 사랑할 때 가능하며, 사랑을 줌으로써 상대방을 풍요롭게 만들고 자기 자신도 에너지를 얻을 수 있다. '주는 것이 진정한 사랑의 시작이다.'라는 말이 있다.

좋아한다는 것은 상대적으로 좀 더 자기중심적인 감정이다. 자기만족은 있어도 자기희생은 없다. 상대방에 대한 나의 태도에 따라, 얼마나 상대방을 위하는가 정도에 따라 사랑하는 것과 좋아하는 것을 구분할 수 있을 것이다. 알베르트 슈바이처는 '사랑은 희생이다!'라고 말했다.

365
혼자서 함께 하는 여행 1

초판 인쇄 2023년 12월 5일
초판 발행 2023년 12월 11일

지은이 아리나
펴낸이 강신용
펴낸곳 문경출판사
주 소 34623 대전광역시 동구 태전로 70-9 (삼성동)
전 화 (042) 221-9668~9, 254-9668
팩 스 (042) 256-6096
E-mail mun9668@hanmail.net
등록번호 제 사 113

ⓒ 아리나, 2023

ISBN 978-89-7846-840-4 03810

값 19,000원

* 무단 복제 복사를 금함
* 잘못된 책은 교환해드립니다.

* 이 사업은 (재)대전문화재단에서
  사업비 일부를 지원받았습니다.